GIOVANI MARTINS

NATUROPATIA MEDICINA DA ALMA

Os óleos essenciais e o bem-estar físico, mental e espiritual

1ª Edição

Icone editora

Imagens: Acervo dos autores

Diagramação: Patricia Gomiero

Revisora: Tânia Lins

Capa: Alexsandro Fernandes de Oliveira

Índice para Catálogo Sistemático:

CIP-BRASIL. CATALOGAÇÃO NA PUBLICAÇÃO
SINDICATO NACIONAL DOS EDITORES DE LIVROS, RJ

M343n

Martins, Giovani
Naturopatia medicina da alma : óleos especiais e o bem estar físico, mental e espiritual / Giovani Martins. - 1. ed. - São Paulo : Ícone, 2021.
88 p. ; 21 cm.

Inclui índice
ISBN 9786586179101

1. Naturopatia. 2. Medicina alternativa. 3. Essências e óleos essenciais - Uso terapêutico. 4. Corpo e mente. 5. Bem-estar. I. Título.

21-72139 CDD: 615.535
CDU: 615.83

Camila Donis Hartmann - Bibliotecária - CRB-7/6472

Rua Javaés, 589 – Bom Retiro
CEP: 01130-010 – São Paulo/SP
Fone/Fax: (11) 3392-7771
www.iconeeditora.com.br
iconevendas@iconeeditora.com.br

SUMÁRIO

INTRODUÇÃO 7

1. Bem-estar físico e mental 9

2. Práticas naturopatas 17

3. Terapias da medicina chinesa 31

4. Os óleos essenciais 37

5. Tradição no uso dos óleos essenciais e aromaterapia moderna 41

6. Métodos de extração dos óleos essenciais 45

7. Os óleos essenciais orgânicos 51

8. Os óleos carreadores 53

9. Aplicações dos óleos essenciais 55

10. Segurança e precauções em relação ao uso dos óleos essenciais 59

11. Os óleos essenciais mais comuns 61

12. Misturas ou *blends* 69

13. Receitas culinárias com o uso de óleos essenciais por Miriam Lourdes Zanatta 73

ANEXO 83

REFERÊNCIAS BIBLIOGRÁFICAS 85

Concentre-se no positivo.
Mantenha-se equilibrado.
Preste atenção ao seu humor.
Foque nas soluções dos problemas.
Construa e cultive relacionamentos.
Reconheça as necessidades da família.
E mantenha sua espiritualidade em dia.

INTRODUÇÃO

Ao longo dos meus quase 30 anos estudando aspectos relacionados à medicina da alma, resolvi colocar no papel algumas experiências e alguns relatos de pessoas que foram e continuam sendo atendidas por mim.

A ideia inicial não era escrever um livro, mas, sendo um autor com algumas obras já publicadas, não consegui deixar as anotações engavetadas. Dessa forma, resolvi iniciar a produção do livro ***Naturopatia Medicina da Alma – Os óleos essenciais e o bem-estar físico, mental e espiritual***, que considero um importante documento que contém informações que precisavam ser compartilhadas com a sociedade.

E para dar vez e voz ao livro, convidei a amiga, educadora e consultora de bem-estar, **Miriam Lourdes Zanatta**, para juntos embarcarmos nesta nova aventura. Coube a ela contribuir com receitas caseiras e naturais utilizando os óleos essenciais. Entendo que a parceria se ajusta bem a esse novo momento em nossas vidas.

Tratar da essência humana com certeza é uma tarefa que exige muita empatia e humanidade. E será assim, do início ao fim desta obra: com dois olhares distintos, mas que ao mesmo tempo se completam na narrativa com a qual vocês poderão se identificar.

Que, de fato, seja uma leitura agradável, e sei que será! E que tenhamos todos a certeza de que a prevenção sempre será o melhor remédio, tanto para o corpo quanto para a mente e o espírito.

Gratidão com muita saúde, paz e bem!

Giovani Martins

1. BEM-ESTAR FÍSICO E MENTAL

É impossível iniciarmos as anotações sem primeiro falarmos das questões que envolvem o corpo sutil e a espiritualidade que, na realidade, são dois conceitos distintos, mas, ao mesmo tempo, se completam. Duas áreas do conhecimento que ao longo da história recente ocuparam espaços e patamares específicos, mas que agora ganham um olhar atento, aproximando-as de forma a serem, a partir daqui, tratadas no mesmo nível de importância e correlação.

O corpo sutil, também chamado de duplo etérico, energossoma ou corpo vital, segundo muitos pesquisadores e simpatizantes do universo metafísico, corresponde ao nosso corpo energético e vibracional e precisa estar em harmonia com a nossa humanidade. Fala-se muito em corpo emocional, comumente conhecido como consciência interpenetrante, com frequências e dimensões que fogem muito do olhar meramente físico de quem somos. Por conta disso, conhecer a quase totalidade de quem de fato somos é um ponto de partida para chegarmos à excelência com a qual sonhamos e desejamos de forma consciente e até mesmo inconsciente. Buscamos, sim, um ponto de equilíbrio entre quem de fato somos e qual nossa relação com o universo. E, quando falo em universo, estou dando ênfase à nossa totalidade. Esse ser totalitário, completo, pleno e saudável. Um ser conectado com sua essência e da mesma forma envolto nas energias que emanam da Terra e do próprio Cosmos. Nas minhas palestras ou mesmo durante os atendimentos nos espaços terapêuticos onde atuo, venho falando da importância de nos conhecermos como seres universais. Estarmos conectados com a nossa universalidade é um ponto de partida para uma consciência plena e saudável.

Outro ponto que considero importante é a relação que mantemos com as outras pessoas. Faz-se necessário o entendimento de que vivemos em sociedade e que, a partir das relações interpessoais, o autoconhecimento ou mesmo a consciência de quem somos precisa estar em alta. É preciso saber **ser** para poder **estar** em equilíbrio com todas as dimensões nas quais e com as quais convivemos e partilhamos experiências diuturnamente.

Dentro do conceito de corpo sutil, encontramos o chamado corpo emocional. Um corpo de importância ímpar e que nos possibilita conexões e alcances vibracionais profundos e renovadores. Mas, é preciso entender que as emoções necessitam de atenção redobrada. Manter as emoções em equilíbrio demanda inteligência emocional, e afirmo que isso vale também para práticas relacionadas às atividades que envolvam exercícios de respiração, meditação, concentração e, principalmente, conexão com a nossa essencial espiritual. E quando falo em essência espiritual, estou efetivamente falando em espiritualidade. É preciso também ressaltar que espiritualidade e religião são conceitos distintos.

Na verdade, espiritualidade não se restringe à religião e nunca esteve atrelada ao termo ***religare***, amplamente aplicado e, na maioria das vezes, empregado para justificar a presença delas. Espiritualidade vem ao encontro do conceito de Ser Universal. Esse ser que trata o outro com a mesma honradez que busca ser tratado. Uma relação na qual a empatia e alteridade são fundamentais para o convívio pacífico e harmonioso com a nossa universalidade e a do outro.

Certa vez, durante um atendimento terapêutico, me vi literalmente de frente com uma pessoa que se dizia "espiritualizada". Foi um momento bastante interessante, pois ali, diante de mim, estava alguém que possuía o dom da oratória, mas, no convívio com o outro, era totalmente rude e indiferente. Naquele momento, depois de uma conversa relativamente longa, percebi que a visão equivocada entre espiritualidade e religião era, de fato, o problema em questão. Tratava-se de uma assídua frequentadora de um templo religioso, no qual realizava trabalhos mediúnicos de incorporação. Não foi uma tarefa fácil fazê-la entender que frequentar locais ou templos religiosos ou mesmo incorporar entidades não é sinônimo de "ser espiritualizado". Mas, depois de outros atendimentos e algumas indicações de livros, conseguimos chegar a um denominador comum. Hoje, somos parceiros no quesito indicação de livros sobre temas relacionados aos conceitos contemporâneos de espiritualidade.

Imagem 1 – Aplicação de Reiki

Acredito que a humanidade precisa rever alguns conceitos. A Neurolinguística fala em ressignificar, ou seja, sugere às pessoas que atribuam novos significados partindo da mudança de como enxergam o mundo, seja ele interno e principalmente externo. Sugiro que todos olhem o mundo com um olhar renovador, contemplando novas possibilidades e enxergando além do óbvio. Ir muito mais além. Falo em deixar para trás conceitos que já estão obsoletos. Sim, é preciso entender que o preconceito ou conceito formado antecipadamente cria uma das grandes barreiras entre aquilo que é e o que poderá ser. Devemos estar abertos ao novo sempre.

O bem-estar físico e mental não estão relacionados a permanecer na chamada zona de conforto. Precisamos estar em constante movimento. E não estou falando em movimento corporal apenas, aqui especifico também o movimento mental. Desarrumar, trocar de lugar, mexer com as ideais são atividades que ativam o cérebro e nos possibilitam o tão almejado ressignificar. Não podemos ficar parados! O universo que habita em nós é dinâmico e precisa estar ativado a ponto de manter nossa frequência energética proativa sempre. Muitas vezes, eu "brinco" com meus pacientes dizendo: "dormir para quê?". Claro que estou usando uma metáfora de dormir para a vida, para o novo e, principalmente, para as possibilidades que estão ali, logo ali na nossa frente. Acredito — e tenho como regra de vida — que é preciso saber viver e aprender constantemente. Colocar um ponto final nos conceitos é limitar aquilo que precisa ser ampliado e muitas vezes reescrito.

Tem um livro que gosto muito, ***Yoga para Nervosos – aprenda a administrar seu estresse***, do autor José Hermógenes de Andrade Filho. Nas primeiras páginas, há uma frase compilada por ele que completa bem a linha de raciocínio que busco empregar aqui. Vejamos:

"Dia virá em que o fisiólogo,
o filósofo e o poeta falarão
a mesma língua e se entenderão
entre si; nesse dia uma
medicina dinâmica surgirá"
Claude Bernard

A frase acima não é do professor Hermógenes, mas faço questão de citá-la justamente por acreditar fielmente na observação feita por Claude Bernard. O corpo e a mente precisam estar afinados, integrados e numa frequência energética cabível a cada um de nós.

Somos frequenciais, vibracionais e extremamente dinâmicos. Segundo a Neurociência, o nosso corpo e a nossa mente estão muito mais integrados do que possamos imaginar. A comunicação entre os neurônios via neurotransmissores é uma evidência clara de que o corpo físico e o corpo mental estão conectados de forma precisa. Na visão dos neurocientistas, o pensar, o agir e o sentir estão dentro de uma sintonia fina, oportunizando ao cérebro reações e respostas positivas quando nossas atitudes afirmativas são efetivamente colocadas em prática. Eu sempre comento que o pensamento e as atitudes são as chaves para um bem-estar pleno.

Muitos já falaram sobre o poder e a força do pensamento. Afirma-se que o pensamento, assim como as palavras, tem poder. E de fato é verdade. Devemos cuidar muito bem das palavras ditas e proferidas. E não falo de palavras específicas, aquelas que alguns definem como mantras. Estou me referindo a tudo aquilo que pensamos e falamos. Verbalizar é colocar para fora sentimentos que nascem ou já existem dentro de nós mesmos. O poder das palavras não está unicamente e exclusivamente no significado delas. A força está na pronúncia, na intensidade e na intenção. Tipo flecha lançada, como dizem. Depois de pronunciadas, não conseguimos mais trazê-las para dentro, e, assim, é impossível apagar, passar uma borracha em cima e pronto, tudo está resolvido. Não é assim que funciona. Palavras são criações e energias canalizadas e direcionadas aos inúmeros alvos que temos como foco nas mais diversas situações. É preciso nos educar, principalmente quando o assunto é a forma como empregamos as palavras. E as ditas em tons pejorativos ou depreciativos, essas, sim, podem ferir, machucar e, em casos muito pontuais, podem impactar negativamente vidas, sentimentos, deixando na outra pessoa feridas e mágoas. E vou um pouco mais além, feridas e mágoas que foram criadas a partir da nossa intenção, mesmo que tenha sido um ato momentâneo e impensado. Cuidado! É preciso ter muita cautela com as palavras, pois viver não é atacar nem mesmo ofender. Viver é saber tratar bem o outro, principalmente quando esse outro é o nosso opressor. Mas, aí você pode estar se perguntando: Mas como assim? Devo dar a outra face a bater? É isso? Claro que não é isso! Devemos dar respostas contrárias às dos nossos desafetos, ou seja, devolver com educação e respeito. Fale, diga que não está gostando. Dialogue e encontre formas educadas e cabíveis de conversar. A verdade e a conversa franca são indicações que sugiro para todo mundo. Só apanhamos ou somos oprimidos quando nos deixamos ser.

Para ser feliz e estar em harmonia dentro de um equilíbrio, se faz necessário administrar tudo aquilo que entra ou sai de nós, desde a alimentação e, principalmente, as palavras proferidas. Lembrando sempre que muito mais do que as palavras ditas, cabe lembrarmos da vibração que cada uma delas possui ou emana. Lembro-me bem de uma experiência realizada por um japonês, Masaru Emoto[1]. Segundo sua experiência, foi possível identificar que as moléculas da água são instáveis e se modificam rapidamente diante de sons, palavras e até mesmo intenções. Na experiência, as gotículas de águas que foram submetidas a músicas clássicas ou mesmo frases de amor, bondade, entre outras, formaram cristais harmônicos. Já as gotículas que foram submetidas a sons e palavras ofensivas, essas, sim, formaram cristais completamente desconformes e sem harmonia. Tal experiência deve ser entendida como um alerta, pois, afinal, nosso corpo físico é constituído aproximadamente por 70% de água, sendo que no cérebro esse percentual chega a 85%. E, correlacionando com o corpo sutil, podemos ainda afirmar que a água é um excelente condutor energético, e, por esse motivo, não é difícil entender que os fluidos líquidos do corpo físico são canais condutores que ligam e mantêm ativo o corpo físico e o corpo sutil.

---

1. Masaru Emoto fotógrafo e escritor japonês que executou experiências com a água submetendo-a ao pensamento humano.

Imagem 2 – Ser Universal

Na verdade, temos dentro de nós um amplo arsenal de possibilidades, mas sabemos pouco sobre ele. Afirmo que não nos conhecemos de forma integral. Nossa totalidade ainda está na esfera do inimaginável. É preciso olhar mais atentamente para dentro de nós. Mas, refiro-me ao olhar além da observação física. Vou um pouco mais longe, é preciso desvendar além dos corpos sutis. Sim! É isso mesmo, ir além das limitações traçadas pelas teorias até aqui aplicáveis. Claro que não é um caminho fácil a percorrer, pois demanda tempo e principalmente um total desapego dos conceitos até aqui estabelecidos. Conhecer nossa universalidade é ir muito mais além. É literalmente sair do corpo e percorrer a extensão de nós mesmos ao longo das inúmeras experiências humanas ou não. Fala-se em vidas passadas, mas prefiro utilizar o termo **vidas vividas**. Experiências que nos trouxeram até aqui, dando-nos potencialidades para a superação, resiliência e o controle das rédeas humanas. Dizer que somos eternos aprendizes é possível sim, mas ignorar nosso potencial energético é inadmissível. Em pleno século XXI, não nos cabe mais a cegueira humana diante do gigante que habita em nós.

Somos fragmentos de estrelas, na realidade, somos estelares. E não estou aqui me referindo ao aspecto poético ou mesmo romântico da expressão. Estou afirmando que somos muito mais que corpos físicos e sutis. Somos universais!

2. PRÁTICAS NATUROPATAS

São consideradas práticas naturopatas todas as atividades ou terapias alternativas ligadas diretamente a elementos naturais como o uso de plantas, argila, óleos essenciais, florais etc. Também conhecida como Naturologia, essas práticas têm alcançado cada vez mais pessoas que buscam na medicina natural alternativas preventivas de combate às doenças. Até mesmo o Sistema Único de Saúde (SUS) tem regulamentado a prática da Naturopatia, que é chamada pelo órgão de medicina natural ou medicina complementar e integrativa.

Desde o século XIX, a prática da medicina natural vem ganhando espaço dentro de clínicas, hospitais etc., estando presente em inúmeros tratamentos; sendo, inclusive, indicada por profissionais da área da saúde, a exemplo de alguns médicos. Para muitos especialistas, o distúrbio orgânico e principalmente o emocional não estão atrelados apenas aos mecanismos fisiológicos. No início deste livro, quando comento sobre os corpos sutis, dou ênfase ao corpo emocional, afirmando que muitas doenças são resultantes da somatização, ou seja, da desordem dos corpos em sua totalidade: físico, mental e emocional. A somatização tem respondido por sintomas severos e muitas vezes crônicos.

Em meus vídeos, disponibilizados no YouTube, nas palestras, nos cursos e, principalmente, nas consultas, tenho salientado a importância da Naturopatia como método de prevenção. É preciso entender que o tratamento da doença começa bem antes de a doença aparecer. Devemos tratar e manter a saúde para não adoecermos. Essa é a grande sacada. Sim, prevenção é o melhor remédio sempre!

Na Naturopatia, a prevenção tem sido o foco de todos os tratamentos. Aos primeiros sinais de ansiedade, fadiga, cansaço, estresse, entre outros, se faz necessária a aplicação de terapias que busquem o equilíbrio, mantendo, assim, a saúde em sua plenitude. Para mantermos a saúde do corpo físico são necessárias ações preventivas. E, dentro da Naturopatia, essas ações ganham cada vez mais aliados. Seja por meio de novos tratamentos ou de terapias milenares e que já fazem parte dos tratamentos orientais, a exemplo da medicina chinesa, também conhecida pela sigla MTC (Medicina Tradicional Chinesa).

Atualmente, são oito tipos de tratamentos usados na medicina chinesa: acupuntura, moxabustão, ventosaterapia, auriculoterapia, dietoterapia, fitoterapia, massoterapia e exercícios físicos integrados com respiração, circulação de energia e meditação. Falaremos dessas práticas no capítulo seguinte.

Além da MTC, merece destaque também a medicina tibetana ou ayurvédica[2]. Nela são considerados cinco elementos que atuam de forma harmônica dentro da manutenção plena do corpo e da mente saudáveis. Estando assim distribuídos em: **terra** (base do corpo), **água** (fluidos corporais), **fogo** (calor do corpo), **ar** (respiração) e **espaço** (cavidades corporais). Dentro da medicina tibetana, os cuidados precisam de tempo e de um longo período de tratamento e observações. Nos tratamentos tibetanos, a prevenção está atrelada a um amplo leque de atitudes e procedimentos que perpassam pela alimentação saudável, pelas atividades físicas, pela meditação etc., totalizando dietas equilibradas e atividades de integração com a natureza. Incluo aqui atividades diurnas e noturnas, como sonos que obedeçam ao tempo mínimo para a recuperação das fadigas comuns ao dia a dia.

Comparando a medicina natural com a medicina tradicional, é possível perceber que a ciência médica ao longo do tempo, de forma progressiva, fragmentou o conhecimento médico em especializações. No meu ponto de vista, trata-se de um retrocesso, pois

---

2. Ayurvédica – termo que vem do sânscrito e significa "ciência da vida".

olhar para o paciente focando apenas na patologia específica é negligenciar nossa universalidade. É claro que não estou negando a importância das especificações, nem mesmo criticando os profissionais médicos. Expresso aqui a necessidade da visão humanizada e integral em relação ao paciente. Mas já citei anteriormente que a ciência médica vem abrindo espaço para a Medicina Integrativa e Complementar (MIC), buscando novas práticas dentro do SUS e nas próprias academias ou universidades.

Dentro dessa linha de pensamento, podemos afirmar que a Naturopatia, além de necessária, acende uma ideia universalista de ser humano. Quando especificamos ou mesmo focamos somente na área doente ou afetada do corpo, deixamos de nos entender. Sim, deixamos de olhar para a totalidade que nós somos. Por isso a importância dos tratamentos integrativos realizados de forma conjunta e envolvendo inúmeros profissionais. Claro que estou falando de tratamentos em pacientes que estão dentro de um quadro clínico com a doença já existente. É preciso tratar a doença utilizando os recursos oferecidos pela medicina tradicional, mas, além do corpo doente, é necessário tratar a mente, dando vozes de comando ao corpo físico por meio de tratamentos alternativos. Nesse ponto, entra aqui a Naturopatia como aliada aos tratamentos convencionais.

Hoje, o naturopata ou naturólogo é um profissional de importância ímpar dentro de uma clínica de reabilitação, por exemplo. Eu mesmo trabalhei durante um tempo em uma clínica de recuperação para dependentes químicos, locada em São José/SC. Foi de fato uma experiência que me marcou muito, principalmente diante dos resultados obtidos. Garanto que, em muitos momentos, os resultados me surpreenderam de forma positiva, impulsionando-me cada vez mais a seguir em frente, buscando mais e mais recursos dentro da medicina natural. Lembro-me de um paciente internado com problemas relacionados ao uso de drogas, nesse caso específico a cocaína. O paciente era médico e estava lutando contra o vício havia um longo tempo. E, a partir dos seus depoimentos e das suas devolutivas, compreendi a importância dos tratamentos aplicados. Na clínica de reabilitação, utilizava a Reflexologia[3] Podal. Com um mês, já era visível a predisposição dos pacientes ao tratamento, apresentando melhoras significativas no quadro clínico.

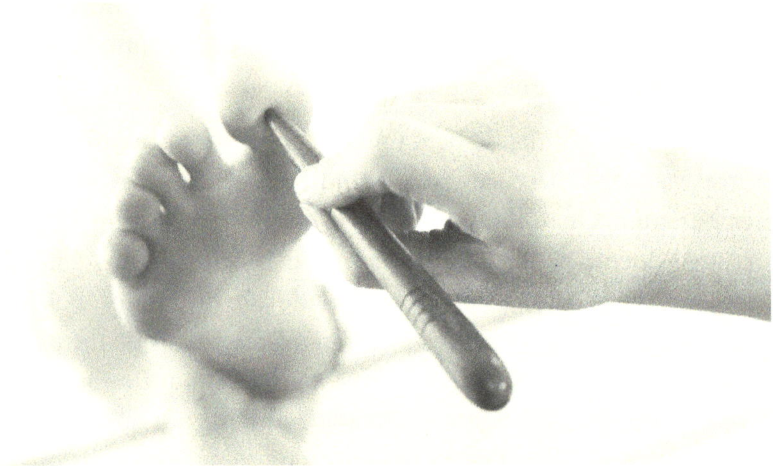

Imagem 3 – Reflexologia Podal

Sobre o profissional naturopata, a qualificação para atuar como consultor dentro das ciências naturopáticas, enquadrando-o na área da saúde, se dá por meio de cursos específicos pautados na saúde baseada em evidências e nos tratamentos holísticos empregados.

> "O Curso de Ciências Naturopáticas é elaborado com uma grade curricular que contempla os princípios da Naturopatia aliados aos estudos mais recentes dentro desta área, objetivando um enfoque científico baseado nas mais recentes pesquisas de universidades do Brasil e do exterior. Geralmente, são cursos que contam com uma equipe de professores altamente capacitados, buscando oferecer um ensino de referência para a formação desses novos profissionais.[4]"

---

3. A Reflexologia é um tratamento integrativo ou natural que usa o estímulo de pontos do corpo chamados de plexos nervosos, com o objetivo de combater ou prevenir doenças do corpo físico, mental e emocional.
4. https://ibrin.org/area-do-curso/naturopatia/

O naturopata pode atuar em clínicas especializadas, hospitais, postos de saúde, espaços holísticos, entre outros tantos locais que reconheçam a importância do tratamento alternativo e que disponibilizem um ambiente adequado para a realização das terapias. Eu particularmente prefiro atender em salas terapêuticas onde consigo disponibilizar itens mínimos necessários para os tratamentos. Costumo utilizar a maca para as avaliações radiestésicas[5], com som ambiente, luz apropriada e mais recentemente o difusor para aplicação de óleos essenciais e aromatizadores energéticos. Nos atendimentos, utilizo também um espaço que chamo de "espaço de acolhimento", não necessariamente um espaço físico, mas sim um momento inicial no qual faço uma anamnese[6], objetivando estabelecer uma maior sincronicidade com o paciente e, ao mesmo tempo, ter uma visão prévia em relação a antecedentes clínicos ou patologias já existentes. Um ponto que considero muito importante relaciona-se ao precedente ou histórico do paciente. Nenhum tratamento integrativo ou holístico deve ser aplicado ou indicado sem uma boa anamnese. Fazer uma "leitura integral" é extremamente necessário. Nesses contatos iniciais são estabelecidas as premissas que indicarão os tratamentos específicos. Nos anexos, apresento um modelo de ficha para a avaliação prévia ou anamnese.

---

5. Na sessão de radiestesia, são utilizadas ferramentas radiestésicas, a exemplo do pêndulo, do *dual rod*, do aurímetro ou aurameter, entre outros, buscando identificar as energias sutis e os possíveis desajustes ou o desequilíbrio energético.

6. Anamnese (do grego *ana*, trazer de novo e *mnesis*, memória) corresponde a uma série de perguntas objetivando um levantamento de históricos ou de precedentes que auxiliam no diagnóstico de uma doença.

Imagem 4 – Ficha para anamnese

Com relação à formação do naturopata, existem alguns currículos mínimos e necessários para a qualificação profissional e posterior ingresso ou registro na Associação Brasileira dos Terapeutas Holísticos (ABRATH). No site do Instituto Nacional de Naturopatia Aplicada (INNAP) está disponível uma matriz curricular que considero bem específica e com bases mínimas e necessárias para o naturopata atuar de forma segura e com total qualificação. Vejamos a matriz curricular proposta pela Faculdade INNAP:

Anatomia e Fisiologia Humana

Trata da estrutura microscópica de cada sistema do corpo humano. Analisando e estudando a integração desses sistemas dentro do corpo **físico**. *Também dá ênfase na organização e função do corpo humano e as inter-relações de seus sistemas.*

Auriculoterapia

É uma especialidade da medicina tradicional chinesa, mas, não é necessário ser um profissional da área de acupuntura para aplicá-la. A aplicação atual da auriculoterapia não se restringe apenas ao trata-

mento das enfermidades através dos pontos auriculares, mas também auxilia no diagnóstico precoce em muitas patologias.

Biologia Molecular, Bioquímica e Fisiologia Celular

Essas áreas dizem respeito à base molecular da atividade biológica entre biomoléculas em vários sistemas de uma célula, incluindo as interações entre DNA, RNA, proteínas e sua biossíntese, bem como a regulação dessas interações. Trata-se de um campo de estudos amplo, que abrange áreas da química.

Dietoterapia

Pretende-se recolher ao máximo informações atualizadas quanto ao tratamento do paciente utilizando diversas abordagens alimentícias, em especial, a cetogênica, a vegana, a proteica etc.

Dieta do grupo sanguíneo

Desenvolvida pelo médico americano Peter D'Adamo e publicada no livro Eat right for your type *(Coma certo para o seu tipo, em tradução literal), em 1996. Essa dieta considera que cada grupo sanguíneo deve priorizar e evitar determinados alimentos.*

Fisiologia Terapêutica segundo a Medicina Chinesa

Conhecimento técnico dos mecanismos de ação e interação dos sistemas fisiológicos do corpo com considerações clínicas e patológicas. Apresenta um enfoque sistêmico do organismo e da fisiologia com a finalidade de facilitar que o terapeuta se concentre na relação entre as estruturas orgânicas de suas funções.

Florais

O objetivo da terapia floral é o equilíbrio das emoções. A terapia floral utiliza-se de compostos energéticos chamados essências florais. Cada essência é indicada para trabalhar emoções específicas ou conjuntos de emoções.

Fundamentos da Psicanálise

Introdução didática que esclarece, à luz de Freud e Lacan, os conceitos mais importantes da teoria psicanalítica, entre os quais: pulsão, recalque, sintoma, real-simbólico-imaginário, objeto "a" e sublimação. Ao desenvolver amplamente os dois eixos principais da psicanálise (sexualidade e linguagem).

Geoterapia

Utiliza-se de argila, barro, pedras e cristais como ferramentas de reequilíbrio. Todos os antigos povos do Oriente e do Ocidente usavam a Geoterapia para amenizar e cuidar de desequilíbrios físicos e emocionais.

Gestão de práticas sanitárias

Trata-se das qualidades necessárias para tornar-se um profissional da área das ciências da saúde. Trata de questões pessoais, profissionais e éticas necessárias para enfrentar o exercício diário em nível profissional, com a finalidade de preparar o estudante na sua transição para a prática profissional. Aqui serão trabalhados também a gestão da relação do assessoramento e o tratamento do paciente.

Herbologia

A natureza atua através de ervas que facilitam os mecanismos do corpo e da mente... A herbologia utiliza ervas com o intuito de preparar substâncias medicinais que funcionam em harmonia com o sistema humano, favorecendo a saúde.

Hidrocolonterapia

Hidrocolonterapia é um procedimento de limpeza do intestino grosso no qual se insere água morna filtrada e purificada através do ânus; é uma forma alternativa do enema - a introdução de líquido no ânus para lavagem, purgação ou administração de medicamentos.

Imunologia

Estudo dos diversos aspectos do sistema imunológico, incluindo estrutura, componentes, mecanismos, métodos imunológicos, reação imune e inflamação. Serão destacados no curso de formação temas como a imunologia clínica, além da hipersensibilidade, atopia, autoimunidade e dos transtornos de imunodeficiência.

Iridologia clínica

A Iridologia ou Irisdiagnose é uma forma de diagnose (na etimologia: conhecer através da íris) na qual a análise de padrões, cores e outras características da íris permite que se conheçam as condições gerais de saúde baseada na suposição de que alterações na íris refletem doenças específicas em órgãos.

Laserterapia

O laser é um tipo de luz, uma radiação eletromagnética, que pode ser utilizado para promover bioestimulação celular (baixa intensidade de energia). É um dispositivo composto por substâncias (gás e pedras preciosas) que geram luz quando motivadas por uma fonte de energia.

Naturopatia clínica

Visa identificar as patologias, a etiologia de certas doenças e sua sintomatologia, compreendendo a função fisiológica e os desequilíbrios do sistema humano que o afetam. Mostra diversas modalidades holísticas de cura, curas naturais, métodos e tratamentos.

Alimentação ortomolecular

Refere-se à análise das causas que provocam a doença de uma perspectiva de nutrição das nossas células e dos tecidos, e detalha as deficiências orgânicas e a má nutrição causadas pela dieta moderna e que provocam um desequilíbrio em nosso sistema bioquímico. Explica como captar os sinais e sintomas dessas deficiências e identifica boas fontes de nutrição e tipos de suplementos dietéticos para preservar uma boa saúde.

Oligoterapia

Oligoterapia é uma abordagem das terapias naturais que trata a pessoa como um todo, utilizando os oligoelementos. Foi desenvolvida pelo doutor Jacques Menetrier, em França, em 1932.

Ozonioterapia

Tratamento de medicina alternativa que consiste na administração de ozônio com o objetivo de aumentar a quantidade de oxigênio no corpo. A Ozonioterapia é tida como terapia alternativa para uma série de doenças.

Patologia humana

Estudo dos processos patológicos do corpo humano centrando-se nos conceitos e nos mecanismos básicos de reação dos tecidos frente às feridas, nas mudanças degenerativas da célula, na resposta celular para as inflamações e conceitos de imunologia; além de revisar a resposta patológica dos sistemas específicos do corpo para as infecções e doenças degenerativas.

Programação Neurolinguística PNL

Programação neurolinguística é uma abordagem de comunicação, desenvolvimento pessoal e psicoterapia criada por Richard Bandler e John Grinder na Califórnia, Estados Unidos, na década de 1970.

Química básica

Ciência que estuda a matéria, as transformações que ocorrem com ela e as energias envolvidas nesses processos. Esta subseção da Química geral fará uma introdução ao estudo dessa ciência, tendo uma primeira visão da Química e fornecendo suporte para prosseguir em seus estudos.

Terapia física

Estudo exaustivo da aplicação da terapia física para o tratamento de lesões e indisposições corporais, utilizando remédios físicos, tais como massagens, exercícios, ginástica, luz, calor, frio, água e outros mecanismos. Serão destacadas vantagens fisiológicas do exercício físico focado na correção de desequilíbrios estruturais, além da importância dos estiramentos, da respiração, yoga, das atividades aeróbicas e não aeróbicas com o objetivo de manter uma boa saúde.

Terapia nutricional

A terapia nutricional corresponde às estratégias de intervenção, assessoramento e modificação nas dietas que levam à prevenção e ao tratamento das doenças e dos transtornos mais comuns. Explica as necessidades nutritivas normais do indivíduo ao longo das suas distintas idades, a avaliação de seu estado nutricional, os valores nutritivos dos alimentos e as modificações apropriadas na dieta para obter o efeito curativo e médico que requer uma terapia nutricional eficaz.

FONTE: https://www.innap.com.br

Imagem 5 – Faculdade INNAP

A Faculdade INNAP é referência em cursos presenciais e a distância (EAD), atuando há mais de 20 anos na prática e no desenvolvimento profissional. Localizada na cidade de Novo Hamburgo, no Rio Grande do Sul, destaca-se como pioneira em cursos de extensão acadêmica e pós-graduação em áreas estratégicas das terapias naturais.

Outro ponto importante em relação aos profissionais que atuam com técnicas holísticas ou terapias integrativas é a regulamentação da PL 3804/2012, fator extremamente positivo que creditou ao profissional reconhecimento legal e jurídico. No Art. 1º, o Congresso Nacional decreta livre o exercício profissional de naturólogo, naturopata, técnico em naturologia e de terapeuta naturista em todo o território nacional, observadas as disposições desta lei em vigor. Também estabelece no Art. 2º que as terapias naturais serão exercidas pelo naturólogo, pelo técnico em naturologia e pelo terapeuta naturista, respeitados e reconhecidos os respectivos graus de conhecimento, habilitação e competências. No Art. 3º, é definido efetivamente como naturólogo o portador de diploma de bacharelado em naturologia ou naturologia aplicada, conferido em território nacional por estabelecimento de ensino superior, na forma da lei. O mesmo artigo também considera e aceita diploma de nível superior em naturologia, naturopatia ou equivalente conferidos por estabelecimentos estrangeiros.

No Art. 4º, da PL 3804/2012, é considerado técnico o titular de certificado de técnico em terapias naturistas ou congêneres, na forma dos incisos I e II do §2º do Art. 39 da Lei nº 9.394 de 20 de dezembro de 1996, conferido na forma do regulamento. No Art. 5º, é terapeuta naturalista: I – o Naturopata, Terapeuta Naturalista conforme a CBO/MTE – Classificação Brasileira de Ocupações do Ministério do Trabalho, código n.º 3221-05. II – o Terapeuta Naturalista que exerce atividades tidas como naturais ou das medicinas ancestrais e tradicionais, abrangendo as plantas medicinais, fitoterapia, práticas tradicionais chinesas, homeopatia popular, geoterapia, reiki, ayurveda, do-in, quiropraxia, iridologia, sinesiologia, cromoterapia, maxobustão, radiestesia, bioenergética, tai chi chuan, herbalismo e, as, assim definidas pela estratégia de preservação das terapias naturais e medicina ancestral da Organização Mundial de Saúde (OMS) 2002/2005.

No Art. 6º, é reconhecido e resguardado o uso das práticas terapêuticas naturais, integrativas e complementares como prática social do cuidado, mediante ações voltadas à promoção, proteção, recuperação e manutenção da saúde, modeladas no diálogo ético entre a diversidade de saberes, respeitando, valorizando os saberes ancestrais e conhecimentos populares; ao patrimônio genético da população indígena; e as normas relativas à comunidade e ao agricultor tradicional, conforme a Lei nº 13.123, de 20 de maio de 2015.

No Art. 7º, os profissionais que preenchem os requisitos previstos nos Art. 3º e 4º ficam obrigados ao registro no Ministério do Trabalho e Emprego. No Art. 8º, as intervenções aplicadas pelos profissionais que trata esta Lei compreendem, dentre outras, as seguintes práticas terapêuticas naturais: I – herbalismo e fitoterapia; II – aromaterapia; III – cromoterapia; IV – florais e essências vibracionais; V – geoterapia e hidroterapia; VI – práticas meditativas; VII – práticas naturopáticas e corporais; VIII – reflexoterapia; IX – práticas terapêuticas chinesas e energéticas; X – terapias expressivas; e XI – homeopatia popular.

Segundo o Art. 9º, compete ao naturólogo/naturopata e ao terapeuta naturalista planejar, dirigir, coordenar, supervisionar e avaliar atividades de ensino em curso de nível médio, técnico e superior de disciplinas pertinentes à formação do naturólogo e técnico em naturologia. Já no Art. 10, compete ao técnico em naturologia exercer atividade de nível médio e intermediário, envolvendo orientação e acompanhamento do trabalho de naturologia em grau auxiliar e participação no planejamento da terapêutica de naturologia. No Art. 11, é competência do terapeuta naturalista exercer atividade de terapias tidas como naturais, conforme descritas no Art. 5º desta Lei.

Nos Art. 12º e 13º, são resguardados às demais profissões da saúde o uso das práticas integrativas e complementares, conforme seus respectivos órgãos de fiscalização. As políticas nacionais de incentivo ao uso de terapias complementares e integrativas devem reconhecer a atuação dos profissionais tratados nesta lei e integrá-los, na medida do possível, perante os serviços públicos e privado de saúde, com ênfase na atenção básica voltada ao cuidado continuado, humanizado e integral em saúde.

A regulamentação do profissional em Naturopatia não só é necessária como também cria uma blindagem evitando que qualquer pessoa sem preparo ou certificado exerça de forma leviana a Naturopatia, colocando em risco todos aqueles submetidos aos seus tratamentos. As questões éticas precisam ser respeitadas, bem como a exigência em relação aos cursos mínimos necessários para qualificação e titulação da profissão.

3. TERAPIAS DA MEDICINA CHINESA

Como vimos no capítulo inicial, a medicina chinesa teve sua origem às margens do Rio Amarelo, sendo aplicada ao longo dos séculos e passando por mudanças em muitas das dinastias. Atualmente, é considerada uma das mais antigas práticas orientais de medicina integrativa. Está embasada em teorias sistemáticas com cunho natural e filosófico, respeitando o funcionamento do organismo humano e as relações diretas com os ciclos da natureza. Oito importantes métodos de tratamentos englobam a Medicina Tradicional Chinesa (MTC):

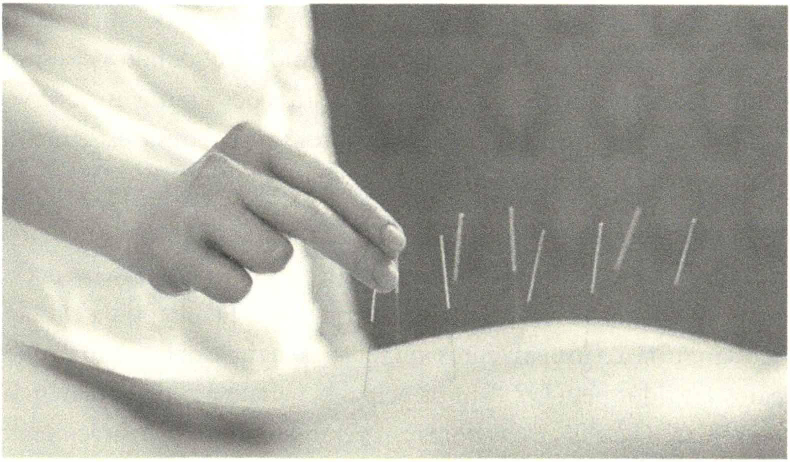

Imagem 6 – Acupuntura com agulhas

Acupuntura – a acupuntura tem como principal objetivo estabelecer o equilíbrio do corpo físico e energético partindo dos canais meridianos[7]. Por esses canais fluem a energia vital, ou força da vida, denominada na medicina chinesa por Qi (ou Chi). A técnica con-

7. São chamadas de meridianos as linhas que circulam pelo Globo e que são fundamentais no diagnóstico e tratamento de doenças, promovendo a integração do corpo como um todo.

siste em aplicar agulhas sobre os pontos ou meridianos onde estão localizadas várias terminações nervosas, vários tendões, várias articulações e fibras. O número de agulhas utilizadas por sessão varia entre 10 a 15. O ideal é utilizar o menor número de agulhas. O diâmetro da agulha se aproxima do fio de cabelo humano. Vejamos alguns benefícios oferecidos pela aplicação da acupuntura: emagrecimento e regulação do metabolismo, controle da ansiedade, combate ao estresse, alívio de dores, redução de problemas do sistema digestivo, entre outros.

Moxabustão – feita a partir da combustão da erva artemísia sinensis — *artemísia vulgaris* —, baseia-se nos mesmos princípios da acupuntura. A combustão da artemísia tem como principal característica o aquecimento profundo. O calor aplicado nos meridianos promove o desbloqueio de energias obstruídas, ajudando a eliminar a umidade e o frio que provocam as disfunções no organismo. Vejamos seus benefícios: redução das dores musculares, relaxamento físico e mental, entre outros.

Ventosaterapia – corresponde ao tratamento com copos que produzem vácuo quando aplicados na pele. O vácuo promove a sucção na pele, liberando tecidos e áreas musculares, facilitando a circulação sanguínea. Com a Ventosaterapia, o sangue é oxigenado e os tecidos nutridos pelo O2. Seu principal benefício é o alívio da tensão muscular, da fadiga e das dores em geral. É comum o aparecimento das marcas da ventosa logo após sua aplicação, mas desaparecem depois de uma semana.

Auriculoterapia – trata-se de uma técnica derivada da acupuntura, tendo como característica a pressão em pontos específicos da orelha. O objetivo é tratar e diagnosticar problemas físicos, mentais e emocionais. Os mais de 200 pontos localizados nas orelhas podem ser estimulados com o uso de agulhas, sementes, cristais etc. Vejamos seus benefícios: redução significativa nas dores agudas e crônicas, auxílio no tratamento de distúrbios funcionais digestivos, no tratamento contra o tabagismo e a patologia funcional urogenital e na recuperação motora, entre outros.

Dietoterapia – relacionada à área de nutrição, corresponde ao tratamento com a indicação de dietas específicas dependendo do tipo de enfermidade e biótipo do paciente. O objetivo da dietoterapia é oferecer ao paciente determinados nutrientes que o auxiliarão na pronta recuperação e no aumento da imunidade. Um dos principais benefícios é regular as atividades intestinais e, a partir de determinados alimentos, promover o aumento da imunidade e, consequentemente, a cura.

Fitoterapia – corresponde à aplicação ou ao uso de plantas medicinais para fins terapêuticos. A fitoterapia trata os desequilíbrios funcionais, tonificando e drenando as deficiências do corpo físico. O uso das ervas frias, por exemplo, drena o calor. Já as ervas quentes servem para eliminar as baixas temperaturas do corpo. As ervas atuam tanto no corpo físico como também no corpo sutil. Na medicina chinesa, fala-se em usar ervas para tonificar deficiências de yin, yang, xue ou jing. Um dos principais benefícios é com relação ao tratamento dos sintomas da menopausa, principalmente nos casos em que há contraindicação de hormônio.

Massoterapia – são técnicas que consistem em manobras manuais objetivando alívios de dores, inclusive as dores crônicas. São massagens específicas direcionadas principalmente para redução de estresse, buscando também o alinhamento energético. Uma das principais características da terapia feita com massagens é sua capacidade relaxante, melhoria da circulação sanguínea, recuperação de traumas físicos e a eliminação de toxinas.

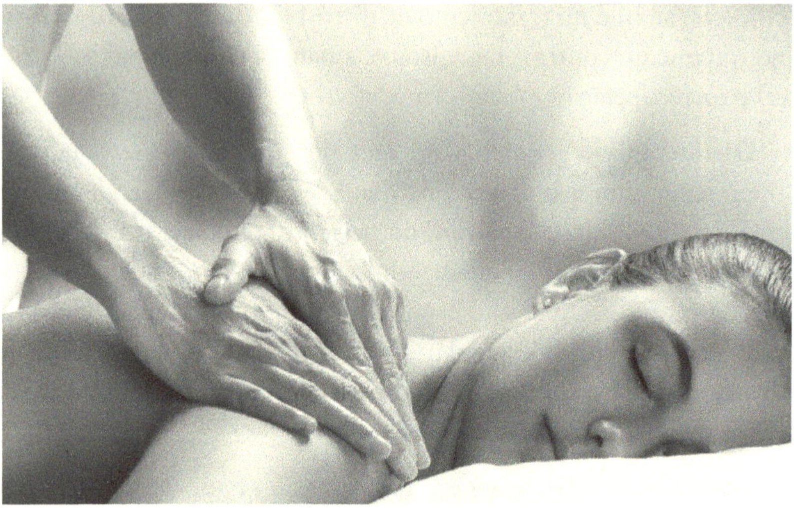

Imagem 7 – Massoterapia Terapêutica

Exercícios físicos integrados com respiração, circulação de energia e meditação – além de auxiliar no condicionamento físico, as atividades ou os exercícios regulares melhoram muito a capacidade cognitiva, diminuindo os níveis de estresse e ansiedade. Além da melhora no condicionamento físico, os movimentos motores ao longo dos exercícios ajudam a liberar endorfina para o cérebro, trazendo muitos benefícios, tais como: aumento da disposição física e mental, melhora na concentração, auxilia na qualidade do sono e fortalece o sistema imunológico. A serotonina, neurotransmissor responsável pelo bom humor e pela regulação do sono, entre outras funções, também é liberada com a atividade física.

Ainda sobre os exercícios dentro da medicina chinesa, é importante conhecermos as técnicas denominadas Qi Gong. Refere-se a um conjunto de atividades corporais ou exercícios que atuam principalmente na força vital, aqui denominada Qi ou Sopro — ar vital. De modo geral, o Qi é algo imensurável ou visível, pois se trata de algo imaterial, invisível. Atua de forma a alinhar o ser humano ao ser natural. No caso específico do Gong, esse representa o tempo, a dedicação e o trabalho. Qualquer atividade envolvendo a técnica do Qi Gong busca o cultivo, a circulação e a utilização do Qi. De certa forma, ganhamos muito quando incluímos as técnicas e os exercícios nas terapias integrativas. Manter o movimento do corpo implica em saúde e total bem-estar. O Qi Gong deve ser aplicado em conjunto com as demais terapias da medicina chinesa. Um terapeuta naturopata que utiliza a medicina chinesa como referência deve conhecer e se apropriar dos exercícios de Qi Gong não somente para aplicar ou indicar aos pacientes, como também para seu equilíbrio e sua aplicabilidade na rotina, incluindo atividades físicas e espirituais.

4. OS ÓLEOS ESSENCIAIS

Uma das questões mais delicadas e importantes dentro da Naturopatia refere-se à prescrição de tratamentos e à utilização de produtos naturais, a exemplo dos óleos essenciais. É de extrema importância ressaltar que os profissionais ligados à Naturopatia, Naturologia e às demais áreas do conhecimento holístico não devem prescrever remédios ou afins, principalmente utilizando receituários ou qualquer tipo de prescrição farmacêutica. Essas prescrições são atribuições dos médicos em suas mais amplas especializações. Na verdade, a Naturopatia prioriza o uso de recursos naturais, dando ênfase principalmente na prevenção e não necessariamente na doença. Os naturopatas tratam da saúde e de sua manutenção. Por isso, precisam estar bem preparados para despertar em seus pacientes a importância da prevenção, mantendo, assim, corpo e mente saudáveis. Essa premissa precisa estar em pauta sempre, reforçando nas pessoas que a prevenção é sempre o melhor tratamento. É preciso criar uma consciência saudável, evitando os excessos e a fadiga física, mental e emocional. Prescrever medicamentos não é o objetivo da Naturopatia. Prevenir, sim!

Para os terapeutas que utilizam produtos naturais, deixo aqui registrado que os fármacos[8] utilizados nas terapias, obrigatoriamente, precisam ser isentos de qualquer substância química aplicada em sua composição. Os produtos utilizados devem ser 100% naturais. Devem ser extraídos da natureza sem adição ou mudanças laboratoriais em sua composição *in natura*. Os princípios ativos precisam manter suas propriedades naturais, possibilitando excelência nos tratamentos curativos com base em ervas e componentes animais, minerais ou vegetais.

---

8. Fármaco, segundo definição oficial dada pela portaria ministerial nº 3.916/MS/GM de 30 de outubro de 1998, é a substância química, o princípio ativo do medicamento.

Atualmente, dentro dos espaços terapêuticos holísticos, é visível o número crescente em relação ao uso dos florais, de argilas, de ervas e, principalmente, dos óleos essenciais aplicados aos tratamentos integrativos. No caso específico dos óleos essenciais, estes estão cada vez mais presentes nos procedimentos terapêuticos, por serem eficazes e pela composição 100% *in natura*. Eu particularmente, desde 2019, tenho utilizado os óleos essenciais em todas as terapias, principalmente depois dos resultados obtidos e da procedência segura em relação aos fornecedores. Costumo dizer que meus atendimentos ganharam um aroma a mais. Na verdade, o óleo essencial possui em seu princípio ativo todos os componentes necessários para a manutenção da imunidade do corpo físico, estabelecendo, também, conexões frequenciais com o corpo sutil e o corpo emocional. A natureza dos óleos é compatível com a natureza humana tanto na ordem fisiológica como também espiritual.

Mas, o que são, de fato, os óleos essenciais? Onde são encontrados? Quais são suas aplicabilidades?

Os óleos essenciais possuem princípios ativos e, dependendo das plantas de onde são extraídos, terão características diferenciadas em sua densidade, cor e seu aroma. São compostos orgânicos voláteis[9], como os terpenos, diferenciando-se dos óleos vegetais. Para uma quantidade pequena de óleo essencial, são necessários muitos quilos de plantas. Para extrair um litro de óleo de lavanda, por exemplo, são necessários 350 quilos de flores de lavanda. Esses óleos, por serem muito concentrados, podem ser usados diluídos em óleos carreadores[10] sobre a pele — por meio de massagens —, cremes, loções, gel ou puro, por meio da inalação e, em casos específicos,

9. Substâncias que têm a propriedade de evaporar em temperatura ambiente. Passam facilmente do estado líquido para o estado de vapor ou gasoso sem necessidade de aquecimento.

10. Carreador é um óleo vegetal utilizado para diluir os óleos essenciais, para que estes últimos possam ser utilizados na pele sem causar irritação, uma vez que são altamente concentrados.

dependendo do tipo de óleo essencial, podem também ser ingeridos — ingestão *in natura* ou com uso de cápsulas. A ingestão dos óleos essenciais necessita de uma orientação precisa e segura, pois alguns óleos possuem uma toxidade e podem causar envenenamento. Estudos realizados recentemente apontam um número expressivo de *causa mortis* pelo uso excessivo de óleos essenciais. Na Austrália, por exemplo, de acordo com um artigo publicado em uma revista científica, *The Medical Journal of Australia,* um estudo apontou que entre julho de 2014 e junho de 2018 foram registrados 4.412 casos de envenenamento com óleos essenciais, sendo dois terços por crianças com menos de 15 anos de idade. A ingestão é possível, mas os usos mais comuns ainda são via inalação ou aplicação na pele com óleos carreadores.

Os óleos essenciais são compostos aromáticos encontrados nas plantas em formas de pequenas "bolsas" denominadas tricomas. Esses compostos possuem diversas funções, representando o sistema imunológico da planta. Os óleos são encontrados nas folhas, flores ou mesmo nos frutos. Aplicados no corpo humano, os óleos essenciais interagem com uma série de locais receptores e via neurotransmissores — definidos aqui como mensageiros químicos que transportam, estimulam e equilibram os sinais entre os neurônios ou células nervosas — e são prontamente assimilados pelo corpo. Quando aplicados na pele, os óleos essenciais são absorvidos e levados pela corrente sanguínea para todo o organismo. Os óleos essenciais entram na pele pelos ductos das glândulas sudoríparas. Os componentes de um óleo essencial, em sua maioria, são lipossolúveis[11], o que facilita a penetração do óleo no organismo. Via inalação, os sinais aromáticos alcançam diversas regiões do cérebro, entre elas o sistema límbico, responsável pela memória olfativa e pe-

---

11. Substâncias lipossolúveis são aquelas que são solúveis em gorduras, portanto, para irem ao tecido, necessitam de moléculas transportadoras para atravessarem o plasma sanguíneo.

las emoções. O sistema límbico regula os sentimentos, as emoções, a memória, a aprendizagem e a energia física etc., e está localizado bem atrás do nosso sistema olfativo. Ao absorver as moléculas dos óleos essenciais, o sistema límbico cria e dispara os neurotransmissores responsáveis por repassar informações para todas as células do corpo. O sistema controla a frequência cardíaca, a pressão arterial, a respiração e o estresse. Além dos efeitos dos óleos essenciais na mente humana, há os efeitos fisiológicos advindos de suas propriedades bactericidas, antifúngicas e antivirais.

Os óleos essenciais podem ser armazenados por anos sem perder suas propriedades. Para isso, é necessário armazená-los em vidros escuros e bem fechados, preferencialmente guardados em local fresco, longe da luz do sol e fora do alcance de crianças.

5. TRADIÇÃO NO USO DOS ÓLEOS ESSENCIAIS E A AROMATERAPIA MODERNA

Os óleos essenciais têm sido usados há milhares de anos na arte e na ciência da aromaterapia. Ao lendário governante chinês Shen Nung é creditada a descoberta das propriedades medicinais das plantas. Em seu governo, foram escritos os primeiros textos sobre ervas, *Pen Tsao* (2.700-3.000 a.C.), um catálogo de mais de 200 botânicos.

Os arqueólogos ainda hoje encontram evidências de usos terapêuticos de óleos essenciais nas civilizações da antiga China, Índia e do Oriente Médio.

A ayurveda (ciência da vida), medicina tradicional hindu praticada em todo o mundo, utiliza tratamento fitoterápico com origem no segundo milênio a.C.

Os antigos egípcios já utilizavam incensos, águas e pomadas para várias cerimônias religiosas. Para eles, o perfume e a higiene pessoal tinham um valor imensurável, a ponto de terem uma divindade, Nefertum ou Nefertem, da cidade de Mênfis, considerada o Deus Solar dos Perfumes. Seu nome pode ser traduzido como "o Todo ressurgiu" ou "o recém-surgido" é completo, pleno. Segundo o mito de criação antigo, Nefertum surgiu do oceano primevo em um botão azul de lótus, passando a ser conhecido como aquele que traz a luz, o primeiro raio de sol. Na sociedade egípcia, os ricos eram enterrados com incenso e óleos perfumados. No túmulo de Tutancâmon, foram encontrados recipientes de perfumes e óleos. Urnas em terracota[12] cheias de óleos aromáticos acompanhavam os faraós para a vida após a morte.

---

12. A terracota é um material constituído por argila cozida no forno sem ser vitrificada e é utilizada em cerâmica e construção. O termo também se refere a objetos feitos deste material e à sua cor natural.

Soldados romanos tratavam feridas com mel e mirra, e imperadores e estudiosos relaxavam em lendários banhos perfumados. O Antigo e o Novo Testamento da Bíblia contêm receitas detalhadas usando compostos aromáticos. O uso generalizado de óleos essenciais em toda a Europa coincidiu com a invenção de métodos de destilação de vidro no século XVI, com a descoberta de novas rotas comerciais e com a invenção do microscópio, o que facilitou o estudo de compostos bioativos. Esses desenvolvimentos deram início à extração de óleo essencial de plantas como alecrim-francês, camomila- italiana e lavanda da Inglaterra.

A aromaterapia moderna nasceu no início do século XX, quando René-Maurice Gattefossé[13], químico francês que trabalhava para um perfumista famoso, acidentalmente colocou fogo no próprio braço, em um laboratório. Sabendo dos benefícios do óleo essencial de lavanda, de pronto mergulhou os braços em um recipiente contendo o referido óleo. Vejamos o relato do próprio René-Maurice Gattefossé:

> "Na minha experiência pessoal, depois de uma explosão no laboratório ter me coberto com substâncias inflamáveis, que eu extingui rolando na grama, ambas minhas mãos estavam cobertas por uma gangrena gasosa em rápido desenvolvimento. Apenas um enxágue com óleo essencial de lavanda interrompeu a gaseificação do tecido. Esse tratamento foi seguido por uma transpiração profunda e a cura começou no dia seguinte. "

Sabemos que queimaduras químicas causam dor intensa, vermelhidão, bolhas e cicatrizes. Surpreendentemente, a queimadura de René-Maurice Gattefossé foi curada rapidamente com o mínimo de dor e sem cicatrizes. Gattefossé criou a palavra *aromathérapie* para descrever sua cura. Ele passou o resto de sua vida pesquisando benefícios para a saúde a partir dos óleos essenciais e publicou suas

---

13. O pai dele, Louis Gattefossé, fundou em 1880 a empresa Gattefossé, representante de empresas estrangeiras de óleos essenciais, óleos de petróleo, produtos de farmácia e matérias-primas para perfumes.

descobertas em um livro histórico em 1937, Aromaterapia. A obra foi traduzida para o inglês em 1993, e a segunda edição é ainda publicada 70 anos depois de ter sido escrita.

O médico francês Jean Valnet continuou o trabalho de Gattefossé durante a Segunda Guerra Mundial, usando óleos essenciais para tratar soldados feridos com gangrena, reduzindo muito a necessidade de amputação. Seu livro, The *Practice of Aromatherapy*, foi crucial para a divulgação e utilização dos óleos essenciais (uso médico e psiquiátrico) em toda a França, na década de 1960.

Em 1962, Marguerite Maury publicou descobertas que anunciaram os benefícios cosméticos dos óleos essenciais.

O primeiro livro em inglês, The Art of Aromatherapy, de Robert Tisserand, em 1977, introduziu os benefícios da aromaterapia juntamente com massagem e foi responsável pelo avanço da prática no Reino Unido e nos Estados Unidos.

O florescimento da medicina natural holística, desde a década de 1980, forneceu um ambiente confortável para a aromaterapia. Em 2008, ela respondeu por 95% do mercado global de óleos essenciais, aproximadamente US$ 4,6 bilhões.

A indústria cresceu a uma taxa de 7,5% ao ano nas últimas décadas e não mostra sinais de queda. A aromaterapia existe há décadas e está aqui, em pleno século XXI, para ficar.

6. MÉTODOS DE EXTRAÇÃO DOS ÓLEOS ESSENCIAIS

Extração é o processo usado para remover moléculas de óleo de material vegetal. É importante entender a extração, pois ela determina o elemento essencial, as propriedades do óleo, seus benefícios, como é comprado e como é usado.

Os principais métodos de extração de óleos essenciais são: destilação a vapor; prensagem a frio; enfleurage ou enfloração; extração por solvente; hidrodestilação; fluidos supercríticos etc.

DESTILAÇÃO A VAPOR

Este é o método mais utilizado no mundo inteiro para extração de óleos essenciais. Consiste em submeter o material vegetal à ação do vapor d'água, extraindo o óleo por meio do "arraste do vapor".

Funciona desta maneira: o vapor d'água passa através do tecido da matéria-prima vegetal retirando o óleo que está dentro de suas glândulas. Logo que o óleo sai, ele sofre um choque térmico, o vaporizando, o que o faz ser arrastado até atingir o condensador onde este hidrolato (nome dado a essa água condensada com nutrientes resultante do processo de extração) resfria-se, voltando à fase líquida. Por fim, essa mistura sofre o processo de destilação que separa a água do óleo essencial.

É importante lembrar que para uma eficiente e completa extração do óleo essencial, é necessário que o material a ser destilado passe por um processo de eliminação de resíduos (impurezas na biomassa).

PRENSAGEM A FRIO

É a maneira mais empregada na extração de óleo de frutas cítricas como laranja, limão, tangerina etc. No Brasil e na maioria dos outros países, este método é muito empregado em empresas produtoras de suco para extrair o insumo das frutas.

Ele consiste em colocar a matéria-prima em uma prensa hidráulica que a esmaga até expelir todo o suco e o óleo essencial dela. O óleo essencial, então, é separado do suco com a ajuda de jatos d'água que formam uma emulsão composta por 1% a 3% de óleo essencial, fragmentos sólidos e outros detritos que, logo em seguida, são separados por um ciclone.

Finalizada essa etapa, o óleo passa por um conjunto de centrífugas para clarificação, deixando-o em três fases: uma fase leve (rica em óleo); uma fase intermediária (rica em água); e uma fase pesada (rica em sólidos insolúveis). Por fim, a fase leve (que contém até 80% de óleo) é levada para tanques decantadores para separação final.

ENFLEURAGE

Conhecida com enfleurage ou enfloração, é uma técnica utilizada desde o século XVII para a extração de óleos essenciais de matérias-primas mais delicadas como rosas, jasmins, violetas, flores emblemáticas cultivadas em Grasse cujos compostos podem sofrer alterações e perder propriedades quando usados outros tipos de extração.

Apesar de ser um processo lento, caro e praticamente inutilizado, o enfleurage ainda resiste e é a todo o momento reinventado com o uso de novas tecnologias.

O método clássico, por sua vez, consiste em picotar as pétalas da flor e colocá-las sobre algumas placas de vidro em contato com uma gordura animal ou vegetal inodora, que funciona como espécie de esponja.

Passadas 24 horas, as pétalas são substituídas e o processo é repetido por semanas até que a gordura assuma um aspecto de "pomada" saturada de óleo. Então, essa gordura é destilada, obtendo-se um concentrado oleoso aromático que, por fim, é misturado com álcool e novamente destilado, formando, por sua vez, o óleo essencial.

EXTRAÇÃO POR SOLVENTES

Algumas plantas e alguns vegetais possuem características que os tornam muito delicados e sensíveis, não podendo ser submetidos a altas temperaturas, portanto, devem ser extraídos por destilação a vapor. São os casos das rosas, jasmins e néroli (flor de laranjeira) que precisam de métodos de extração menos agressivos para se obter o máximo de suas propriedades.

Nesses casos, o uso de solventes como hexano, benzeno, tolueno ou éter de petróleo acabam por ser uma ótima opção, pois preservam as características e qualidades dos vegetais em questão.

Quando acontece a extração por meio de solventes, originam-se dois produtos: o concreto e, posteriormente, o absoluto.

O concreto é a primeira etapa resultante da extração por meio de solventes descrita acima, que são apolares. Nessa etapa, além do óleo essencial, são obtidos pigmentos, parafinas, ceras, gorduras e outros compostos oleosos, razão pela qual o composto possui uma consistência pastosa ou semissólida.

Já o absoluto é obtido quando o concreto é submetido a outro solvente, agora polar, como o etanol. Nesse caso, o solvente purifica a mistura das substâncias citadas levando a um produto final de consistência mais líquida.

Atualmente, as novas tecnologias conseguem eliminar consideravelmente os solventes dos concretos e absolutos — o processo antigamente era perigoso —, deixando praticamente nenhum solvente (traços), assim, os níveis são seguros para uso.

HIDRODESTILAÇÃO

Este método é muito utilizado em laboratórios. Ele consiste em mergulhar em água toda a matéria-prima vegetal em água, o que o diferencia da destilação a vapor.

A extração, por sua vez, ocorre a uma temperatura inferior a 100°C, o que, apesar de tornar a destilação mais lenta e com menor rendimento, evita a perda de compostos sensíveis a altas temperaturas.

Industrialmente, este processo é considerado obsoleto (chamado de artesanal), mas ainda é praticado em diversos países em desenvolvimento nos quais o acesso a caldeiras a vapor é mais difícil.

FLUIDOS SUPERCRÍTICOS

Nos últimos anos, o método de extração de óleos essenciais usando fluidos supercríticos vem ganhando muito espaço nos processos industriais.

Isso porque ele apresenta uma grande vantagem em relação a outras técnicas, uma vez que ele usa uma tecnologia atóxica, limpa e não residual que mantém a integridade quase que total da matéria-prima usada.

O processo se baseia na ideia de usar gases que, em determinada temperatura e pressão, ficam em um estágio entre o líquido e o gasoso (tornando-se supercríticos), podendo agir como solventes de matéria-prima.

O gás mais utilizado para esses processos é o CO2 supercrítico que, além de ser barato e abundante, apresenta uma densidade relativamente alta (semelhante à de um líquido), baixa viscosidade e alto poder de penetração (característica predominante dos gases), o que lhe confere excelentes qualidades de penetração.

Outro destaque fica por conta do fato de que, para obtê-lo, é preciso operar todo o sistema a uma temperatura de 31,04°C, a uma pressão de 73,8 bar.

Por esse motivo, o método não oferece riscos de reações secundárias como oxidações, reduções, hidrólises e degradações químicas.

O método para a extração de óleos essenciais funciona da seguinte maneira: a biomassa é colocada dentro de um cilindro que possui, nas duas pontas, uma capa de metal poroso que tem a função de permitir a circulação do fluido supercrítico e das substâncias que foram dissolvidas.

Com isso, o CO2 passa através da matéria-prima, dissolvendo os óleos até um certo nível de solubilidade de equilíbrio.

Após esse processo, a solução gasosa sai do extrator e passa por uma válvula que reduz a pressão, causando o que chamamos de "precipitação dos componentes" dentro do separador.

Nessa etapa, o CO2 é separado do óleo e é reciclado, dando início a um novo ciclo. São vários ciclos que acontecem, tanto no cilindro quanto no separador, até que todos os componentes sejam extraídos e coletados no separador.

7. OS ÓLEOS ESSENCIAIS ORGÂNICOS

Tecnicamente, óleos essenciais orgânicos devem atender aos mesmos padrões aplicados a alimentos orgânicos e ostentam o selo circular verde e branco – USDA – que aparece em produtos alimentares.

Isso significa que as plantas devem ser cultivadas sem o uso de fertilizantes químicos ou pesticidas; e não podem ser processadas artificialmente com aditivos ou conservantes sintéticos ou químicos.

Se as rosas, por exemplo, são cultivadas organicamente, mas seu óleo essencial é extraído com um produto petroquímico ou solvente sintético, o óleo essencial resultante não será "orgânico".

O termo orgânico é usado vagamente e confundido com palavras como "100% natural", "puro", "livre de produtos químicos", "da mais alta qualidade ou da melhor qualidade", "sem pesticidas", "totalmente à base de ervas", "cultivado selvagem" e "não pulverizado". Esses termos não são sinônimos, mesmo que sejam usados alternadamente.

A única maneira de ter certeza de que você está adquirindo verdadeiramente óleos essenciais orgânicos é procurar o selo USDA (produtos importados) e o de PRODUTO ORGÂNICO (no Brasil) ou perguntar a um revendedor de confiança, se é possível certificar que um determinado produto é cultivado organicamente, bem como fabricado organicamente.

Na aromaterapia, existe uma corrente de pensamento sobre os óleos: óleos essenciais orgânicos têm um aroma superior ou são mais benéficos do que os óleos não orgânicos.

O principal argumento é que os óleos essenciais são altamente concentrados e, portanto, contêm altas concentrações de contaminantes; no entanto, não há evidências para apoiar esse raciocínio.

Hipoteticamente, apenas pesticidas pulverizados sobre o material vegetal, durante ou após a colheita, duas improváveis ocorrências, podem sobreviver à destilação.

Usar óleos essenciais orgânicos é tão pessoal quanto a decisão sobre comida orgânica.

Da mesma forma, os óleos essenciais orgânicos são mais caros do que os não orgânicos, às vezes, o valor é mais de 100% superior.

8. OS ÓLEOS CARREADORES

Os óleos essenciais espessos e oleosos ou finos e aquosos compartilham uma característica química comum: óleo e água não se misturam. Óleos essenciais, até se estiverem límpidos e fluindo, só se misturam bem com óleos graxos ou álcool.

A forma primária de diluir óleos essenciais, como já vimos, é em um óleo carreador, às vezes chamado de óleo base. Os óleos carreadores são normalmente extraídos de sementes, nozes, vegetais ou árvores. Os mais comuns são de amêndoa, coco, jojoba e girassol.

Na maioria das "misturas" de óleos essenciais, o ingrediente principal é um óleo portador com pequenas quantidades e, em alguns casos, apenas gotas de óleos essenciais que na maior parte são muito fortes para serem aplicados na pele não diluídos ou para serem usados sozinhos.

Óleos carreadores são formas de distribuir pequenas quantidades de óleo essencial sobre o corpo inteiro durante o processo de massagem. Além disso, os óleos carreadores retêm umidade para evitar que os óleos essenciais evaporem muito rapidamente quando expostos ao ar.

Os óleos essenciais diluídos duram mais durante a massagem e serão absorvidos lentamente pela pele.

9. APLICAÇÕES DOS ÓLEOS ESSENCIAIS

Na aromaterapia, os benefícios dos óleos essenciais são experimentados comumente de duas maneiras – por inalação ou aplicação tópica na pele. Óleos essenciais não devem ser ingeridos[14] em autoterapia, salvo alguns tipos específicos como, por exemplo, óleos com indicação do fabricante ou da empresa fornecedora. No Brasil, existem algumas empresas que vendem óleos com indicação para ingestão.

A inalação de um óleo essencial aumenta a frequência do cérebro, equilibra as atividades cerebrais do lado direito e esquerdo e sinaliza a liberação de hormônios para áreas específicas do corpo.

Aplicados na pele, os óleos essenciais entram na corrente sanguínea e são atraídos para partes específicas do corpo que precisam de cura.

Os óleos essenciais são orientados para um hormônio específico, uma parte do corpo ou um sistema com o qual é mais compatível e eficaz.

Um óleo específico pode ser eficaz para o tecido muscular; outro, pode ser atraído para a medula óssea. É como se as moléculas do aroma fossem soldados marchando em direção a um alvo preciso, prontos para atacar quando e onde necessário.

MÉTODO DE INALAÇÃO

A maneira mais simples e rápida de inalar moléculas aromáticas de óleo essencial é cheirar diretamente de um frasco aberto ou usar um óleo essencial misturado com um portador, como um perfume.

14. Somente alguns óleos essenciais podem ser ingeridos. Nunca ingira um óleo essencial sem ter certeza da sua segurança, procedência e qualidade.

Uma entrega mais intensa do cérebro é conseguida colocando algumas gotas de óleo nas palmas das mãos e colocá-las sobre o nariz, inalando e exalando lenta e profundamente, mantendo a boca fechada.

A difusão do óleo no ar é o método mais completo de inalação. Há uma grande variedade de difusores, desde uma tigela de cerâmica aquecida por uma vela embaixo até uma tigela aquecida eletricamente.

Também há nebulizador, vaporizador, umidificador, inalador de pavio, atomizador *plug-in* com recargas de pavio, spray ambiente, travesseiro ou sachê de linho; e a mais nova tendência é um difusor de várias palhetas.

APLICAÇÃO TÓPICA (EPIDÉRMICA)

Via tópica ou por administração epidérmica, aplicar substâncias ativas, tais como pomadas, cremes, sprays, loções, colutórios, pastilhas para a garganta diretamente na pele ou na superfície de feridas, com efeito local.

Os colutórios são medicamentos que agem diretamente na gengiva e na mucosa bucal e ajudam a eliminar o mau hálito e também podem ter efeito antibacteriano e anticárie.

O alívio direcionado pode ser alcançado pela aplicação de óleos essenciais em pontos de reflexologia nas solas dos pés e nas palmas das mãos. Para curar dor de cabeça, pode-se massagear as têmporas com óleo.

Para alívio abdominal, uma massagem localizada relaxa os músculos usados na digestão e eliminação.

Um banho de imersão em água tratada com óleo essencial ou perfumado com sais é o final perfeito para uma massagem ou uma cura relaxante.

O óleo essencial diluído pode ser adicionado a uma banheira de hidromassagem ou jacuzzi ou salpicado nas rochas da sauna.

Óleos essenciais adicionados ao xampu, condicionador, sabonete, limpador facial, às loções e aos hidratantes são uma boa adição à beleza do rosto e dos cabelos.

10. SEGURANÇA E PRECAUÇÕES EM RELAÇÃO AO USO DOS ÓLEOS ESSENCIAIS

As seguintes precauções sugeridas não são uma referência de segurança completa para óleos essenciais. Consulte as precauções de segurança específicas nas embalagens dos fabricantes também. Se você tiver alguma dúvida, consulte o seu médico ou um aromaterapeuta treinado.

Uma regra prática segura é nunca usar um óleo essencial não diluído ou puro diretamente na pele. Exceções podem ser feitas para lavanda, por exemplo, mas somente após cuidadosa experimentação com testes recomendados. Algumas pessoas podem ser hipersensíveis até mesmo à alfazema. Por isso, todo cuidado é necessário! Um teste de adesivo cutâneo deve ser administrado antes de cada uso pela primeira vez de um óleo essencial.

Os óleos essenciais só devem ser ingeridos sob a supervisão de um médico licenciado ou de um terapeuta profissional habilitado.

Mantenha os óleos essenciais em um armário trancado, longe do alcance das crianças. Bebês e idosos requerem doses menores de óleos essenciais, ou seja, metade daquelas recomendadas para um adulto saudável.

Pacientes com câncer podem usar diluições leves de óleos essenciais, porém, pessoas submetidas à quimioterapia devem evitar o uso. Pacientes com hipertensão devem evitar óleos essenciais de orégano, pimenta, cravo, hortelã-pimenta, alecrim, sálvia e tomilho. Pacientes com pressão arterial baixa devem evitar o uso excessivo de óleo de lavanda. Pessoas alérgicas a nozes não podem usar amêndoa-doce. Alternativas mais seguras são os óleos de girassol, canola e cártamo. Mulheres grávidas devem evitar óleos essenciais antes da 18ª semana de gravidez, especialmente em casos de aborto espontâneo anterior. No segundo trimestre, os óleos essenciais podem ser usados em baixas doses formuladas por um aromaterapeuta profissional ou prestador de cuidados de saúde.

11. OS ÓLEOS ESSENCIAIS MAIS COMUNS

Os óleos essenciais mais utilizados na aromaterapia[15] são:

Alecrim – o alecrim aumenta o fluxo sanguíneo e responde pelo estímulo do cérebro e, por conseguinte, da memória. Também possui a propriedade de relaxar os nervos e acalmar os músculos. Por conter ácido carnósico, um diterpeno natural de benzenodiol abietano encontrado no alecrim, é usado como conservante ou antioxidante em alimentos e produtos não alimentares. É indicado para situações de estafa ou fadiga mental.

Bergamota – a bergamota possui propriedades terapêuticas, tendo efeito analgésico, antidepressivo, antisséptico, antibiótico, antiespasmódico, estomacal, calmante, cicatrizante, desodorante, digestivo, antipirético e vermífugo. Alivia infecções do trato urinário, melhora as funções do fígado, baço e estômago ao mesmo tempo em que age contra pele oleosa, acne, psoríase, eczema e aftas.

Camomila-romana – os princípios ativos da camomila-romana auxiliam nos tratamentos estomacais, combatendo vômito, náuseas, gases etc. É utilizada também nos tratamentos relacionados à síndrome do intestino irritável. É excelente no combate ao estresse, auxiliando no relaxamento e diminuindo a ansiedade. Ótima para tratar traumas emocionais e síndrome do pânico. Um excelente tônico para tensão pré-menstrual, aliviando muito os sintomas da menopausa.

Capim-limão – conhecido como capim-cheiroso, capim-santo e erva-cidreira, entre outros nomes, é aplicado na diminuição da atividade motora, aumentando o tempo de sono. É considerado regulador do sistema vago-simpático. Possui efeito antiespasmódico,

---

15. A aromaterapia é a ciência que prega o uso de aromas nos mais diversos tratamentos que têm por objetivo o alcance do bem-estar físico e mental.

tanto no tecido uterino como no intestinal. É analgésico e combate o histerismo e outras afecções nervosas, propriedade que se deve ao mirceno, composto orgânico oleofínico natural. A atividade antibacteriana está associada também ao citral encontrado entre 75 a 85% na composição do capim-limão.

Cedro – planta nativa de climas frios, o cedro é encontrado em altas altitudes. Na aromaterapia, é utilizado como sedativo, relaxante, antisséptico, adstringente e repelente de insetos. Como óleo essencial tem poder sedativo, aliviando a tensão e o estresse. Tem um efeito calmante e relaxante. Auxilia na redução de inflamações e dores musculares. Também serve para minimizar a irritação ou a comichão na pele.

Copaíba – o óleo de copaíba é produzido no caule da planta, ou seja, é um produto natural existente no tronco da planta. O óleo de copaíba é também chamado de "bálsamo da Amazônia". É antisséptico, antitetânico e expectorante – a aplicação de quatro gotas de óleo da copaíba misturado com mel ajuda na expectoração. Auxilia muito nas infecções genitais e hemorroidas. É antitumoral, pois possui capacidade de agir contra as células cancerígenas responsáveis pelo câncer de mama, de próstata e de cólon. Combate reumatismo e dores musculares. Também auxilia no tratamento de gota[16].

Eucalipto – o termo faz referência a algumas espécies de árvores pertencentes à família *Myrtaceae*. O eucalipto é uma planta medicinal muito utilizada no combate a diversas doenças respiratórias devido às suas propriedades expectorantes. O óleo essencial de eucalipto ajuda a combater a tosse, a expelir o muco, auxilia no tratamento da asma e sinusite. Também ajuda a inibir o aparecimento de herpes e serve para aliviar dores nas articulações.

---

16. Inflamação e dor que ocorrem quando uma grande quantidade de ácido úrico se cristaliza e se deposita nas articulações.

Gengibre – natural do continente asiático, o gengibre é uma raiz tuberosa. São inúmeros os benefícios oferecidos pelo gengibre, vejamos alguns deles: auxilia na digestão de alimentos gordurosos, protegendo o fígado; auxilia na perda de peso; no combate à azia e aos indesejáveis gases intestinais; é um excelente antioxidante e anti-inflamatório; protege o estômago contra úlceras, sendo também um excelente termogênico[17]; ajuda a prevenir o câncer do colorretal; e é um excelente regulador da pressão arterial.

Gerânio – o óleo essencial de gerânio é antibacteriano e antimicrobiano, sendo excelente em tratamentos de acne, germes e feridas. Auxilia no combate à ansiedade, depressão, insônia e a dores como a de cabeça. Para as mulheres, é excelente no tratamento da Síndrome da Tensão Pré-menstrual (TPM)

Hortelã-verde – a hortelã-verde, também conhecida como levante, é uma herbácea perene, que pertence à família das *lamiaceaes*. O mentol existente em sua composição química auxilia no alívio dos sintomas de gripes e resfriados. É descongestionante, ajudando a expelir muco e combater a tosse seca.

Hortelã-pimenta – também conhecida cientificamente como mentha piperita, é uma hortelã híbrida, resultante do cruzamento entre mentha aquatica e *mentha spicata*. É usada como um excelente descongestionante nasal, antigripal, vermífuga, digestiva e analgésica. Outras atribuições à hortelã-pimenta são: diminuição dos espasmos no estômago, vômito e enjoo. Auxilia também na circulação sanguínea, é antibacteriana, antiviral, anti-inflamatória, antioxidante, anticonvulsiva e ajuda a estimular a produção da bílis. Em muitos casos, auxilia na redução de dores de cabeça associadas à má-digestão.

---

17. Os termogênicos são substâncias que agem aumentando a temperatura corporal por meio da estimulação dos sistemas cardiovascular, respiratório e nervoso central. Os resultados da termogênese são um aumento do metabolismo basal e uma maior queima de gordura, o que ajuda o paciente a emagrecer.

Laranja – o óleo essencial de laranja ajuda a aliviar o estresse, o nervosismo e a depressão. É também conhecido como óleo da alegria, auxilia a liberar a energia estagnada no corpo. Também ajuda a combater gases, cólicas estomacais e intestinais, falta de apetite, prisão de ventre e diarreia. Auxilia a vesícula biliar na produção da bílis, bem como facilita a digestão e a eliminação de gorduras.

Lavanda – é considerada por muitos terapeutas como o óleo símbolo da aromaterapia. É um óleo versátil, tendo propriedades antissépticas, analgésicas, relaxantes, cicatrizantes, antioxidantes, antidepressivas, adstringentes e desodorantes. É um dos poucos óleos que pode ser aplicado direto na pele. Excelente para combater problemas de insônia, nervosismo e estresse. Eleva a alma oportunizando sensação de frescor e alívio físico e mental.

Limão-siciliano – os antioxidantes e a vitaminada C presentes no limão-siciliano são excelentes no combate aos danos causados pelos radicais livres. É muito utilizado para combater inflamações na boca, auxilia nos casos de indigestão e indisposição estomacal. Ajuda na perda de peso, além de reduzir os níveis de acidez do sangue. Beber água com limão-siciliano regularmente também previne a condição de acidose no organismo.

Manjericão - um dos benefícios mais comuns do manjericão é a sua função desintoxicante, antisséptica, ajudando também a reestabelecer o organismo de todo o tipo de infecção. É excelente para aumentar as defesas do sistema imunológico. Vitaminas A, C e K, além do manganês, do cobre, cálcio, ferro e magnésio, são encontradas em sua composição. É uma ótima fonte de ômega-3.

Melaleuca – o óleo essencial de melaleuca apresenta propriedades antifúngicas, parasiticidas, germicidas, antibacterianas e anti-inflamatórias. Devido às suas propriedades antissépticas, o óleo essencial de melaleuca é muito utilizado como conservante nas formulações. Combate infecções por bactérias e fungos na pele, regenerando machucados, promovendo a cura dos tecidos. É excelente no tratamento de acne, sendo também muito usado em casos de candidíase. É um forte aliado na proteção e no fortalecimento das unhas.

Melissa – trata-se de uma planta herbácea da família da hortelã, da menta e do boldo. É também conhecida como erva-cidreira. Os inúmeros benefícios da melissa se dão por uma série de compostos ativos presentes na planta, vejamos: ácido rosmarínico, taninos, eugenol, flavonoides, compostos polifenólicos, cobre, zinco e diversas vitaminas. O óleo essencial de melissa auxilia nas disfunções do sono, na desintoxicação e no fortalecimento do sistema imunológico. Ajuda também nos tratamentos de enxaquecas e sintomas patológicos relacionados à menstruação. Possui efeito antioxidante e colabora para elevar o nível dos glóbulos brancos.

Mirra – a mirra é uma planta medicinal que possui importantes propriedades antimicrobianas e adstringentes. É usada para tratar feridas na pele, prevenindo infecções. Inflamações causadas por gengivite respondem bem ao tratamento com óleo essencial de mirra. Outro benefício desse óleo é o efeito revigorante, auxiliando também no tratamento de problemas pulmonares.

Olíbano – óleo essencial de olíbano é usado para tratar feridas, cuidar do cabelo, da pele, entre outros usos. Também chamado de óleo essencial de incenso, é extraído da resina de árvores do gênero *Boswellia*. Ele é utilizado para fins aromaterápicos, medicinais e espirituais. Suas propriedades relaxantes são usadas para ajudar a pele quando aplicado topicamente, melhorando seu tom, sua elasticidade e auxiliando na barreira de proteção cutânea. Auxilia também na melhora de estrias, cicatrizes cirúrgicas ou manchas. Inalado ou difundido, o olíbano promove sentimentos de paz, relaxamento, satisfação e bem-estar em geral.

Orégano – é rico em vitaminas A, C, K, vitaminas do complexo B, possuindo também a presença de zinco, ferro, magnésio, cálcio e potássio, minerais responsáveis pela saúde dos dentes e do coração. Na maioria das pessoas, o uso do óleo de orégano é seguro e não causa efeitos colaterais, mas pessoas sensíveis ou alérgicas à planta do orégano podem sentir problemas como irritação na pele, diarreias e vômitos. O óleo de orégano deve ser ingerido em cápsula vazia de gelatina, por conta do seu sabor ligeiramente amargo.

Patchouli – o óleo essencial de patchouli é usado nas terapias integrativas por causa de suas propriedades antidepressivas, anti-inflamatórias, antissépticas, afrodisíacas, adstringentes, cicatrizantes, desodorantes, diuréticas, febrífugas, fungicidas, inseticidas, sedativas e tônicas. Em casos de dores intensas ou infecções, o óleo pode ser usado como compressa.

Sálvia – o óleo essencial de sálvia é indicado nos tratamentos gastrointestinais, auxiliando no funcionamento do sistema digestivo. Possui altos níveis de nutrientes, sendo um excelente antioxidante. Ajuda a reduzir a quantidade de açúcar no sangue, diminuindo o colesterol ruim. Auxilia em tratamentos relacionados à menopausa. Protege o organismo contra determinados cancros.

Sândalo – o sândalo é um óleo essencial com propriedades antissépticas, auxiliando na prevenção de infecções. É antiespasmódico, antisséptico, anti-inflamatório, afrodisíaco, expectorante, hipotensor, sedativo, relaxante muscular, revitalizante, tônico e emoliente. É considerado um excelente antidepressivo, auxiliando no equilíbrio das emoções.

Vetiver – o óleo essencial vetiver é extremante concentrado. Inúmeras são as propriedades terapêuticas, sendo muito utilizado como antiespasmódico e estimulante do sistema circulatório. É um poderoso agente eficaz no clareamento de manchas escuras da pele, como as melasmas, cloasmas, hiperpigmentação, entre outras. É usado também em casos de anemia. Por conta de suas propriedades equilibrantes nas emoções, é um óleo ideal para se usar em massoterapia. É interessante utilizar o óleo essencial vetiver em associação a óleos vegetais carreadores.

Ylang Ylang – é um excelente óleo contra a depressão. Combate a ansiedade e o estresse crônico. Em situações de pânico, tensões em geral e medo, é o óleo mais indicado. É recomendado como tônico para o sistema nervoso. Com propriedades sedativas, este óleo relaxa e favorece o sono. Indicado para pessoas com problema de Transtorno Obsessivo Compulsivo (TOC).

12. MISTURAS OU *BLENDS*

Os óleos essenciais também podem ser utilizados em misturas denominadas sinergias ou blends. A combinação ou mistura de óleos promove a interação, potencializando os princípios ativos de cada óleo e aumentando sua eficácia e seu potencial curativo. Alguns blends e seus efeitos são apresentados no livro ***O poder dos óleos essenciais em seu dia a dia***, da escritora Marizete Neves. Vejamos:

Blend Aterrador

Óleos utilizados: abeto, ho wood, olíbano, tanaceto azul e camomila azul com uma base de óleo de coco fracionado.

Benefícios: reduz a ansiedade, provocando sensação de relaxamento e bem-estar físico e mental.

Blend da Proteção

Óleos utilizados: laranja, cravo-da-índia, canela, eucalipto e alecrim.

Benefícios: aumenta a imunidade do corpo, protegendo contra ameaças ambientais. Estimula as defesas antioxidantes do corpo, promovendo circulação sanguínea saudável.

Blend da Massagem

Óleos utilizados: cipreste, hortelã-pimenta, manjerona, toranja e lavanda.

Benefícios: promove sensação de relaxamento, bem-estar, diminuindo as tensões físicas e o estresse.

Blend Detox

Óleos utilizados: tangerina, alecrim, gerânio, bagas de zimbro e coentro.

Benefícios: estimula o pâncreas, auxiliando na saúde do fígado. É excelente na desintoxicação dos sistemas orgânicos.

Blend Digestivo

Óleos utilizados: gengibre, hortelã-pimenta, cominho, anis, estragão (*artemísia dracunculus*), erva-doce e coentro.

Benefícios: auxilia na digestão dos alimentos, acalmando o estômago, reduzindo inchaços, gases e indigestão.

Blend Respiratório

Óleos utilizados: louro, eucalipto, hortelã- pimenta, melaleuca, limão, ravensara e cardamomo.

Benefícios: auxilia no bom funcionamento dos brônquios, minimizando os efeitos das ameaças sazonais. Propicia noites de sono reparador e repousante.

Não poderia encerrar o capítulo sobre óleos essenciais sem mencionar quatro importantes *blends* que utilizo muito, são eles: Breathe, Deep Blue, On Guard e o ZenGest. Esses óleos são produzidos por uma empresa estadunidense com representação no Brasil e que vem oferecendo um amplo leque de possibilidades e óleos 100% certificados com qualidade chamada por eles de **Certificado de Pureza Testada e Garantida (CPTG)**. A pureza de um óleo essencial é fundamental para que os resultados, a partir das terapias que o empregam, sejam sempre positivos. Afinal, um óleo essencial que não seja puro representa risco de germes e metais pesados ou adulterados no seu corpo, o que pode provocar irritações, efeitos adversos ou até mesmo doenças. Ao adquirir um óleo essencial, verifique sua aplicabilidade e qual o uso recomendado, seja aromático, tópico ou interno. Mesmo sabendo que todos os óleos podem ser usados aromaticamente, e a maioria de forma tópica, apenas alguns óleos essenciais terapêuticos puros e certificados são destinados ao uso interno.

Vejamos as aplicabilidades de cada um dos *blends* citados:

Breathe – óleo de coco fracionado com óleos essenciais de louro, hortelã-pimenta, eucalipto, tea tree, limão- siciliano, cardamomo, canforeira e ravensara para ajudar a manter a sensação de vias aéreas limpas, além de facilitar o respirar. Aplique topicamente no peito, nas costas ou na planta dos pés para ajudar a minimizar os efeitos de ameaças sazonais ou para ajudar a promover um sono relaxante. Em casos de bronquite asmática e problemas pulmonares, o breathe é o *blend* mais recomendado.

Deep Blue – em uma base de óleo de coco fracionado, oferece os efeitos relaxantes, principalmente em massagens localizadas. Ajuda a promover um efeito calmante quando necessário. É muito recomendado para práticas desportivas, podendo ser usado antes, durante e no final do treino. Experimente aplicar o Deep Blue em suas mãos, seus punhos, ombros e seu pescoço após se exercitar, levantar peso ou trabalhar por um longo período de tempo. A sensação de relaxamento e bem-estar é imediata. Em sua composição, encontramos wintergreen, cânfora, hortelã-pimenta, tanaceto azul, camomila azul, helichrysum e osamanthus.

On Guard – é um *blend* que promove uma alternativa natural e segura contra ameaças sazonais e ambientais. Ajuda muito no sistema imunológico, principalmente quando ingerido. Quando difundido no ar, o óleo essencial on guard ajuda a purificar o ar e pode ser muito energizante e edificante. Auxilia também as defesas antioxidantes naturais do corpo, promovendo uma circulação saudável. Ajuda muito na prevenção de infecções, equilibra o nível de açúcar no sangue, combate bactérias, vírus, mofo, dor de garganta, problemas respiratórios, entre tantos outros benefícios. Em sua composição, encontramos óleos essenciais de laranja, cravinho, casca de canela, eucalipto e alecrim.

ZenGest – os óleos essenciais de anis, hortelã-pimenta, gengibre, semente de cominho, erva-doce, sementes de coentro e estragão são conhecidos por suas habilidades em promover uma sensação confortante durante uma viagem de carro, quando inalados ou aplicados topicamente. Eficácia nos tratamentos estomacais, má-digestão, azia, entre outros distúrbios gastrointestinais.

Sobre os *blends*, é sempre bom lembrar que são produzidos tendo como base os óleos carreadores, a exemplo do óleo de coco. Como já vimos, os óleos carreadores são utilizados principalmente nas aplicações cutâneas – massagens, reflexologia e demais terapias integrativas. Dos óleos carreadores existentes, eu particularmente prefiro o óleo de coco.

13. RECEITAS CULINÁRIAS COM O USO DE ÓLEOS ESSENCIAIS POR MIRIAM LOURDES ZANATTA

Cresci no interior, na presença de mesa farta, sempre rodeada de familiares, amigos, vizinhos, uma infinidade de pães caseiros, bolos, bolachas, geleias, tudo preparado por minha mãe, minhas irmãs e tias; esses itens faziam parte do delicioso café da tarde.

Colher a flor da Marcela antes do amanhecer na sexta-feira santa, para que a planta conservasse todas as suas propriedades; colher as ervas plantadas na horta da nossa casa; preparar as geleias com as frutas da estação; fazer uso de chás, xaropes caseiros, receitas infalíveis que curavam a dor de garganta, o resfriado, a queimadura, aliviavam a dor de um corte, o desconforto no estômago, soluções naturais que estavam sempre ao nosso alcance; tudo isso fez parte de uma infância saudável e feliz.

Longas e deliciosas conversas embaladas pelo cheirinho da cozinha sempre fizeram parte das lembranças que me acompanham e despertam um misto de saudade, nostalgia e alegria por tudo que tive oportunidade de vivenciar.

Em algum momento, em nossa caminhada, mudamos este olhar, passamos a desempacotar muito mais do que descascar. As geleias já não vinham do tacho, mas sim das prateleiras dos supermercados; e pedir uma refeição por telefone ou WhatsApp tornou-se parte da nossa rotina. O ano de 2020 iniciou cheio de esperança e expectativa, mas, repentinamente, surgiu a pandemia, ficamos trancados em casa, isolados e praticamente impedidos de circular pelos restaurantes, mercados, *shoppings*.

Nesse momento, nosso olhar mudou a direção, redimensionamos nossos valores, reinventamos nossa rotina, e, em meio a tudo isso, percebemos que resgatar os dotes culinários faria parte da nossa nova rotina.

Na última década, de modo especial, a culinária já ganhava um espaço imenso na vida moderna, despertando novos talentos, servindo de terapia, momento de prazer e relaxamento. Uma refeição preparada em nossa casa, trazendo como ingrediente principal o amor, é dádiva divina. Nada melhor do que este momento, em que nos encontramos cercados por nossos familiares e privados das nossas saídas rotineiras, para tirar do baú as receitas antigas de família, colocar nosso talento culinário em ação.

E, em meio a tudo isso, entra nas nossas vidas os óleos essenciais, um verdadeiro resgate ao passado; eles são presentes que a terra nos dá, mudando nosso olhar e nossa forma de cuidar da nossa saúde e da nossa família e, também, por que não, da nossa culinária.

Miriam Lourdes Zanatta
Professora, educadora e consultora de bem-estar

Hoje, os óleos essenciais fazem parte da minha rotina não apenas nos cuidados com a minha saúde, mas também com minha pele, minhas emoções, a limpeza da minha casa, ajudando, também, a recriar sabores e misturas que me divertem no mundo da culinária.

Quando buscamos enriquecer aquelas receitas maravilhosas de família e acrescentamos óleos essenciais, cozinhar torna-se uma atividade ainda mais divertida e saborosa.

Neste capítulo, compartilho com vocês receitas que acompanham a vida da minha família há gerações, receitas que aprendi com amigos queridos que passaram pela minha vida, porém, agora, todas elas enriquecidas e repaginadas com o uso dos nossos óleos essenciais. São receitas simples, rápidas e deliciosas para degustar com seus familiares e amigos.

Torta de maçã da Maria Luiza com Cinnamon Bark

Ingredientes da base: seis a oito maçãs, 200 gramas de uva-passa branca, 200 gramas de nozes picadas, suco de duas laranjas, duas colheres de sopa de açúcar, canela a gosto e quatro gotas de óleo essencial Cinnamon Bark.

Modo de fazer: descasque as maçãs e corte em fatias pequenas. Enquanto prepara a farofa, deixe a maçã já cortada descansar em uma calda preparada com o suco de laranja, açúcar, a canela e o óleo essencial Cinnamon Bark.

Farofa: prepare uma farofa com uma xícara e meia de farinha de trigo, uma xícara e meia de açúcar, manteiga até dar ponto (cerca de 200 gramas), canela a gosto. Em uma fôrma refratária, monte a torta intercalando as camadas, iniciando e finalizando com uma camada de farofa (exemplo: uma de farofa, uma de maçã). Ao colocar a camada de maçãs, acrescente a uva-passa e as nozes picadas. Após finalizar com uma camada de farofa, bata em uma tigela à parte três ovos, três colheres de leite, três colheres de açúcar, canela e duas gotas de Cinnamon Bark. Derrame essa mistura sobre a torta e polvilhe com açúcar de confeiteiro. Levar ao forno para assar por cerca de 40 a 50 minutos. Servir quente com sorvete de creme ou outro de sua preferência.

Delícia de coco com limão-siciliano

Ingredientes: 500 gramas de coco ralado fresco, duas xícaras de açúcar, pedaços de canela em pau, cravo-da-índia e duas xícaras de água.

Modo de fazer: leve ao fogo os 500 gramas de coco ralado fresco, duas xícaras de açúcar, pedaços de canela em pau, cravo- da-índia e duas xícaras de água. Deixe cozinhar durante 30 a 40 minutos, cuidando para a água não secar totalmente. Se necessário, acrescentar mais um pouco de água. Retire do fogo, acrescente seis gotas de óleo de limão-siciliano, deixe esfriar e depois coloque na geladeira. Servir gelado com creme de leite e raspas de limão-siciliano para enfeitar.

Brigadeiro com óleo de tangerina

Ingredientes: duas latas de leite condensado, quatro colheres de sopa de chocolate em pó, uma colher de sopa de manteiga, seis gotas de óleo essencial de tangerina.

Modo de fazer: leve tudo ao fogo e apure até dar ponto de enrolar. Retire do fogo, enrole as bolinhas e passe em chocolate granulado.

Brigadeiro branco com óleo de limão-siciliano

Ingredientes: duas latas de leite condensado, uma colher de sopa de manteiga, seis gotas de óleo essencial de limão-siciliano.

Modo de fazer: levar ao fogo para apurar mexendo sempre, até dar ponto para enrolar. Enrolar os brigadeiros e passar em chocolate granulado branco.

Pasta de creme de ricota com óleo essencial de limão-siciliano e black pepper

Ingredientes: um pote de creme de ricota com duas colheres de *cream cheese*, duas colheres de queijo parmesão ralado, cinco gotas de óleo essencial de limão-siciliano, uma gota de black pepper, uma pitada de flor de sal e raspas da casca de um limão-siciliano para enfeitar, azeite de oliva a gosto.

Modo de fazer: misturar tudo, colocar em um *bowl* e finalizar com azeite de oliva e raspas de limão-siciliano. Enfeitar com pimenta dedo-de-moça. Servir com torradas.

Bolinho de chuva da Adelina com óleo essencial On Guard

Ingredientes: um ovo, meia xícara de leite, meia xícara de açúcar, farinha de trigo, uma colher de chá de fermento em pó, quatro gotas de óleo essencial On Guard, óleo para fritar.

Modo de fazer: Em um *bowl*, misturar o ovo, o leite, o açúcar, acrescentar aos poucos a farinha de trigo até dar ponto, colocar o fermento em pó e acrescentar quatro gotas de óleo essencial On Guard. Deixar a massa em ponto mais mole. Aquecer o óleo para fritar; quando na temperatura adequada, levar a massa em colheradas para fritar. Salpicar com açúcar demerara misturado com canela em pó.

Cueca virada ou Orelha de gato com óleo essencial de Cássia (canela)

Ingredientes: duas xícaras de farinha de trigo, meia xícara de açúcar, um ovo, uma colher de chá de fermento em pó, leite, três gotas do óleo essencial de cássia, azeite para fritar.

Modo de fazer: Em um *bowl* misturar as duas xícaras de farinha de trigo, o açúcar, um ovo, uma colher de chá de fermento em pó, leite para dar o ponto. Por último, acrescentar as gotas do óleo essencial. Misturar tudo, deixar a massa no ponto de poder espichá-la com o rolo. Cortar em retângulos, fazer um corte no meio e passar uma ponta por esta abertura para dar o formato desejado. Fritar em óleo quente e polvilhar com açúcar e canela.

Salada da Miriam com óleo de limão-siciliano e alecrim

Ingredientes: folhas verdes, uma manga, um avocado, uma xícara de amêndoas, coco em fruta (com a parte marrom), uma colher de sopa de geleia de frutas vermelhas, tâmaras, manteiga para dourar as amêndoas, azeite de oliva, sal, pimenta, óleo essencial de limão-siciliano e alecrim.

Modo de fazer: fazer uma cama de folhas variadas, acrescentar a manga cortada em cubinhos, as amêndoas em lascas (colocar as amêndoas em água fervendo para soltar a casca e levar ao fogo em frigideira quente com manteiga para dourar), lascas de coco, tâmaras cortadas e fatias de avocado. Preparar um molho com azeite de oliva, uma pitada de sal, pimenta, três gotas de óleo essencial de limão-siciliano, duas gotas de óleo essencial de alecrim, uma colher de chá de mostarda Dijon. Enfeitar com geleia de frutas vermelhas.

Molho para salada da Silvana com óleo essencial de alecrim

Ingredientes: um ovo, uma xícara de óleo, duas colheres de sopa de azeite de oliva, uma colher de chá de mostarda, três colheres de sopa de leite, um dente de alho, óleo essencial de alecrim.

Modo de fazer: bater no liquidificador uma xícara de óleo, um ovo, duas colheres de sopa de azeite de oliva, uma colher de chá de mostarda, três colheres de sopa de leite, um dente de alho e duas gotas de óleo essencial de alecrim. Deixar na geladeira antes de servir.

Bolo de iogurte com óleo essencial de tangerina e cobertura da Vó Julita

Ingredientes para a massa: três ovos, meio copo de óleo, um copo e meio de açúcar, dois copos de farinha de trigo, um copo de iogurte natural, óleo essencial de tangerina, uma colher de sopa de fermento em pó (usar como medida o copo do iogurte que você utilizar).

Ingredientes para a cobertura: duas xícaras de açúcar, duas colheres de manteiga, seis colheres de leite, quatro gotas de óleo essencial de tangerina.

Modo de fazer: bater no liquidificador os ovos inteiros, o óleo, o açúcar, a farinha, o iogurte natural, cinco gotas de óleo essencial de tangerina e uma colher de sopa de fermento em pó.

Levar ao forno por aproximadamente 30 minutos (180 graus).

Cobertura: levar ao fogo o açúcar, o leite e a manteiga e deixar ferver até dar ponto. Quando estiver quase pronto, acrescentar as gotas do óleo de tangerina e deixar mais um pouco até dar ponto de fio. Derramar esta cobertura sobre o bolo.

Cuca da Tia Mari com óleo essencial de laranja-selvagem (Wild Orange)

Ingredientes: três ovos, 10 gramas de manteiga, uma xícara e meia de açúcar, duas xícaras e meia de farinha de trigo, uma xícara de leite, uma colher de fermento em pó, óleo essencial Wild Orange.

Modo de fazer: Na batedeira, bater os ovos, a manteiga, o açúcar. Bater bem até ficar um creme, depois acrescentar aos poucos a farinha de trigo e o leite (colocar o leite aos poucos observando que a massa não fique muito mole). Acrescentar o fermento em pó e cinco gotas do óleo essencial Wild Orange.

Farofa: uma xícara de açúcar, uma xícara e meia de farinha de trigo, 100 gramas de manteiga, canela a gosto. Misturar tudo e colocar sobre a massa. Assar em forno 200 graus por trinta a quarenta minutos.

Cobertura para bolo da Silvana com óleos essenciais

Ingredientes: uma lata de leite condensado, uma colher de sobremesa de emustab, corante culinário na cor escolhida, óleos essenciais da sua preferência (sugestões: limão-siciliano, tangerina, Wild Orange, cássia, clove, lavanda)

Modo de fazer: bater tudo na batedeira até ficar um creme com consistência de *chantilly*. Finalizar com algumas gotas do corante escolhido e quatro a seis gotas do óleo essencial. Mexer suavemente até incorporar tudo ao creme.

Bolo de lavanda

Ingredientes: uma xícara de leite, três colheres de sopa de manteiga, quatro ovos, três xícaras e meia de açúcar, duas xícaras e meia de farinha de trigo, meia colher de sopa de fermento em pó, 10 gotas de óleo essencial de lavanda. Suco de quatro laranjas, óleo essencial de lavanda (e outro de sua preferência para a calda, caso queira fazer um sabor diferente).

Modo de fazer: leve ao fogo o leite e a manteiga até derreter a manteiga. Desligue o fogo e acrescente 10 gotas de óleo essencial de lavanda. Reserve essa mistura. Na batedeira, bater bem os ovos até que dobrem de volume. Acrescentar duas xícaras e meia de açúcar peneirado aos poucos, misturando bem; em seguida, colocar a farinha de trigo peneirada e o fermento em pó. Desligar a batedeira e acrescentar a mistura reservada, incorporando-a delicadamente à massa. Assar em forno médio por cerca de 40 minutos.

Calda: levar o suco de laranja com uma xícara de açúcar e quatro gotas de óleo essencial. Pode utilizar o mesmo óleo essencial de lavanda da massa ou saborizar de forma diferente, utilizando o óleo de sua preferência (limão-siciliano, tangerina, wild orange).

ANEXO

Modelo de ficha de anamnese

FICHA DE ANAMNESE

DADOS PESSOAIS

Nome:____ Idade: __________________

Endereço: _____________________________________ CEP: ___________________

Bairro: ___________________ Cidade:____________________ Estado:______________

Tel.Res. ( )____________ Tel.Com. ( ) __________________ Cel. ( )______________

Data de nasc. ____________ Profissão:__________________ Estado Civil: ____________

E- mail: ____

HÁBITOS DIÁRIOS

Tratamento estético anterior: ( ) Sim ( ) Não Qual: ____________________________

Usa lentes de contato: ( ) Sim ( ) Não

Utilização de cosméticos: ( ) Sim ( ) Não Qual: ______________________________

Exposição ao sol: ( ) Sim ( ) Não Filtro solar: ( ) Sim ( ) Não Frequência: ________

Tabagismo: ( ) Sim ( ) Não Quantidade de cigarros/dia: _______________________

Ingere bebida alcoólica: ( ) Sim ( ) Não Frequência: __________________________

Funcionamento intestinal: ( ) 1-2 vezes / semana ( ) 3-4 vezes / semana
( ) 1-2 vezes / dia ( ) mais de 3 vezes / dia

Qualidade do sono: ( ) Boa ( ) Regular ( ) Péssima - Quantas horas / noite: _______

Ingestão de água (copos / dia): __________ Alimentação: ( ) Boa ( ) Regular ( ) Péssima

Alimentos de preferência: ____________________ Pratica Atividade física? ( ) Sim ( ) Não

Que Tipo: ______________________ Qual frequência: ________________________

Uso de anticoncepcional: ( ) Sim ( ) Não Qual: ______________________________

Data do primeiro dia da última menstruação: ___/___/____ Gestante: ( ) Sim ( ) Não

Gestações: ( ) Sim ( ) Não Quantas:_________ A quanto tempo: _______________

Anotações:

____

____

REFERÊNCIAS BIBLIOGRÁFICAS

BANDONI, A. L.; CZEPACK, M. P. **Os recursos vegetais aromáticos no Brasil.** Vitória: Edufes, 2008.

EBOOKS dōTERRA.

Disponível em: <https://www.doterra.com/BR/pt_BR/ebooks>. Acesso em: 22 ago. 2020.

GERBER, Richard. **Medicina Vibracional – uma medicina para o futuro.** São Paulo, 2007.

GRACE, K. **Introdução à Aromaterapia.** In: GRACE, K. Aromaterapia: o poder curativo dos aromas. São Paulo: Mandarine, 1999.

HERMÓGENES, José de Andrade Filho. **Yoga para nervosos – como administrar seu estresse.** Rio de Janeiro: BestSeller, 2013.

LAVABRE, M. **Aromaterapia: a cura pelos óleos essenciais.** 4. ed. Rio de Janeiro: Record, 1997.

NEVES, Marizete. **O poder dos óleos essenciais em seu dia a dia – como tratar problemas físicos & emocionais com óleos essenciais.** Rio de Janeiro: Autografia, 2018.

STANWAY, A. **Guia geral das terapias alternativas.** Rio de Janeiro: Xenon Editora, 1993.

TISSERAND, R. **A arte da aromaterapia.** 13. ed. São Paulo: Roca, 1993.

REFERÊNCIAS DAS IMAGENS

IMAGEM 1

Disponível em:<https://www.soumovimento.com.br/os-beneficios-do-reike/#.XzpfIuhKjIU >. Acesso em: 17 ago. 2020.

IMAGEM 2

Disponível em:<https://tatianabenites.com.br/aula-15-deus-espirito-e-materia-fluido-universal-e-fluido-vital/>. Acesso em: 18 ago. 2020.

IMAGEM 3

Disponível em:<https://www.shoppingdaacupuntura.com.br/acessorios/apalpadores/bastao-reflexologia-podalshopping/843>. Acesso em: 17 ago. 2020.

IMAGEM 4

Disponível em:<https://cmtecnologia.com.br/blog/prontuario-do-paciente-o-que-voce-precisa-saber-sobre/>. Acesso em: 18 ago. 2020.

IMAGEM 5

Disponível em:<https://www.facebook.com/faculdadeinnap01/photos>. Acesso em: 19 ago. 2020.

IMAGEM 6

Disponível em:<https://www.drgotfryd.com.br/acupuntura- medica-nas-doencas-da-coluna-vertebral/>. Acesso em: 17 ago. 2020.

IMAGEM 7

Disponível em:<https://www.dicasdemulher.com.br/massoterapia/> Acesso em: 19 ago. 2020.

GIOVANI MARTINS

Professor, geógrafo, escritor e terapeuta integrativo

Nasceu em Florianópolis (SC) e reside atualmente em São José (SC), município localizado na grande Florianópolis.

É geógrafo formado, licenciado e pós-graduado pela Universidade Federal de Santa Catarina (UFSC).

Especialista em Gestão Educacional e Metodologia do Ensino Interdisciplinar.

Atua como professor da rede de escolas particulares nos Estados de Santa Catarina e Paraná. É escritor, terapeuta integrativo e consultor de bem-estar atendendo o Estado de Santa Catarina e demais Unidades da Federação Brasileira.

E-mail: giovanimartins@hotmail.com
WhatsApp (48) 991011633
Instagram @giovanimartins.ilha